高考命题改革背景下

思想政治教学

中的关键问题

王礼新 刘媛 李岚 徐宝贵 著

POLITICS TEACHING

中国青年出版社 CHINA YOUTH PRESS

图书在版编目（CIP）数据

高考命题改革背景下，思想政治教学中的关键问题 / 王礼新等著.

—北京：中国青年出版社，2020.1

ISBN 978-7-5153-5838-3

Ⅰ.①高… Ⅱ.①王… Ⅲ.①政治课—教学研究—高中 Ⅳ.①G633.202

中国版本图书馆CIP数据核字（2019）第215444号

高考命题改革背景下，思想政治教学中的关键问题

作　　者：王礼新　刘　媛　李　岚　徐宝贵

责任编辑：胡莉萍

文字编辑：朱　佳　张祎琳

美术编辑：杜雨萃

出　　版：中国青年出版社

发　　行：北京中青文文化传媒有限公司

电　　话：010-65511270/65516873

公司网址：www.cyb.com.cn

购书网址：zqwts.tmall.com

印　　刷：大厂回族自治县益利印刷有限公司

版　　次：2020年1月第1版

印　　次：2020年1月第1次印刷

开　　本：787×1092　　1/16

字　　数：128千字

印　　张：12

书　　号：ISBN 978-7-5153-5838-3

定　　价：59.90元

CONTENTS
目 录

直面今天的高考改革与课程改革

臧铁军

（一）

自2014年9月《国务院关于深化考试招生制度改革的实施意见》发布以来，关于高考改革的动向举措持续不断，继上海、浙江之后，北京、天津、山东、海南等第二批高考改革试点省市已进入实操的最后阶段。2019年，河北、辽宁等多地加入，成为高考改革第三批省市。此次高考改革影响之大、动作之大，前所未有。

国务院办公厅2019年6月印发的《关于新时代推进普通高中育人方式改革的指导意见》中，关于改革目标的描述是：到2022年，德智体美劳全面培养体系进一步完善，立德树人落实机制进一步健全。普通高中新课程新教材全面实施，适应学生全面而有个性发展的教育教学改革深入推进，选课走班教学管理机制基本完善，科学的教育评价和考试招生制度基本建立，师资和办学条件得到有效保障，普通高中多样化有特色发展的格局基本形成。

可以预见，课程改革和高考改革作为国家顶层设计，在未来数年内将同步联合推进，实质性推动中学教学模式和育人方式的全面转变。

中学教学和考试改革之间在相互制约和相互促进中并行，一方面，课程和教学改革不断对考试改革提出要求，另一方面，"用考试改革撬动教学改革"也由一种媒体表述转变成为现实的教育形态。

我认为，"考试改革撬动教学改革"可解读为两层含义：第一，考试改革在某些方面走在了教学改革的前面，所以要用考试改革撬动教学改革；第二，考试是一种评价方法，用反拨的方式指导和调整教学是评价的本体作用方式。

近些年来，高考改革已经向前跨出了几大步，但一些教师既对高考改革的方向认识得不清晰，也不理解高考改革的具体做法，依旧按照思维惯性进行教学，所谓以不变应万变。

比如，高考命题已经更多地涉及到现实社会的新生事物，但因为事件太新，像手机购物、共享单车这样的学生已经离不开的东西，教科书上尚未吸纳，有的教师讲课就与此不相干，到考试的时候学生对于考题体现的时代性背景难免茫然；再如，考题强调应用学科理论解释和解决生活、生产中的实际问题，一些教师依旧延续从书本到书本、从概念到概念的教学套路；再如，高考明确提出回归课堂，回归教材，一些教师还是只讲解题的技巧，不讲学理，即所谓"讲招不讲理"；也有些教师明白高考改革的理念，但不知道具体在教学上怎样做，只好每年跟随模仿高考题，但年年差半步。

　　类似的情况我在与教师的接触中有切身体会。讨论高考改革的理念、方向时，有人认为这离实际太远了，空泛无用；当你说到具体的考题变化时，他又坚持说，这么多年都是那样考的，为什么要这样出题？问题还是要回到高考改革的理念和方向上。

　　回顾和总结多年的经验，可以明显感觉到，每一次改革，总会有一些学校和教师落在后边，他们往往是信息接收滞后，理念跟不上，不去积极实现自身调整和改革的学校与教师。

　　每一次改革都是一次挑战，要迎接挑战就必须学习。每一次改革也是一次机遇，哪些学校跟得快，哪些老师转变得快，就能迅速融入改革的浪潮，快步前行。

　　所以，加快普及新高考的理念，加快普及高考命题改革思想及方法，加快普及高考改革的具体改革措施，就是编写这套丛书的基本意义所在。

（二）

　　这套丛书的作者很好地把握了高考改革的总体方向，以高考的改革理念为写作思想主线，突出改革的变化，结合教育理论，指向教学操作，力求对教学发挥引导和促进作用。

　　第一，丛书传播高考改革理念。高考改革的理念与课程改革的理念是相辅相成、一以贯之的，因此，丛书的切入点是高考改革，而落脚点则是课程和教学改革，这一理念的传播必然会促进教育的整体改革运行。

　　第二，丛书解析高考改革的重点、要点。高考改革的重点、要点不能仅仅储存在改革者和命题者的头脑中，更需要转化为撬动教学的作用力，这就必须大力宣传普及，让所有的学校、教师和学生都能清晰明了地认识改革的真正价值和意义。

第三，丛书解析高考试题的信息和考试改革的具体效果。改革的理念和操作需要从认知层面和高考命题的逻辑层面，给教学以较为清晰的导向，目前迫切需要综合分析高考改革信息，提出教学的指导和改进意见。

考试与学习既相互独立，又相互联系。所谓相互独立，指考试与学习毕竟是两个不同性质的事物和不同的过程，学生的发展直接依赖的是学习积累而不是考试。

在教学过程中，知识是一个个教的，但任何事物都不会孤立地存在，都与其他事物发生联系，因此高考很少考查单一的知识点，多以综合题目、实际应用性题目为主，考查知识的整合运用。综合性的题目情境要求考生由此及彼，把知识连点成面，在更广阔的视野中探究，在更开放的情境中思考。

这就要求教会学生综合思考问题，思考事物或现象之间以及事物内部要素之间的相互连接、相互影响、相互作用等各种关系。不仅要知道A、B，还要知道A、B之间的联系。要清楚哪些联系是事物内部发生的，哪些联系是在事物与事物之间发生的，要全面思考事物的内外关系。最后力求所有知识在头脑中形成网络结构，清晰、系统地理解自然与社会的规律。

正因如此，很多考题考查的并不是题面上的表层含义，而是背后的思想、方法和意境。逻辑思维、创造精神往往藏在问题的背后，一些试题从人和事的微观或中观层面切入，在问题情境下看似一个小切口，实则建构了一个思考问题的平台，而问题背后呈现了一个更大的思考空间。

比如，2016年高考北京卷语文微写作题：请以"荷"为题，写一首诗或一段抒情文字，不超过150字。

题目的切入点看似不大，但意境深刻。荷花在中华文化中是具有代表性的一种花卉，中国人对荷花具有独特的感受。对荷的表述肯定不能止于外形特征，必须挖掘其内在的特点，就像周敦颐的《爱莲说》一样，"出淤泥而不染，濯清涟而不妖"，由此表达了对美好理想的憧憬，对高尚情操的崇奉，对庸劣世态的憎恶。

好的试题往往如抽丝剥笋，能引导考生由浅入深，由简到繁，阶梯设问，层层深入，最后进入到问题的实质。这样的试题要求考生通过一步一步的逻辑思考，合理推断，或结合实验证据排除错误干扰，通过提出质疑，阐明理由，获得结果，以此检验考生的思维品质。

（三）

特别需要指出，"高考命题改革背景下，学科教学中的关键问题"这套丛书并不是写给学生的，直接读者是一线教师，也不是用来指导复习备考的，而是用来指导教育教学的。

另外，因为是站在高考改革的角度来看命题，谈教学，这套丛书也不是专门对应高考的哪一套试卷谈教学，而是用正确的考试观来分析我们应该如何面对高考改革，进而落实课程标准的思想理念和要求。

考试有一种天然的居高之势，这个"指挥棒"既能产生正面导向，也能产生负面导向，因此，需要方向正确的、强有力的考试改革产生时代需要的带动力和牵引力。

最有价值的道理往往是最朴素的道理，正可谓大道至简。一件事说到本质上，道理都是最简单的，考试和教育教学改革亦如此，且知易行难。投入改革需要极大的勇气，也必须付出十二分的气力。

人们对当前的考试改革、课程和教学改革寄托了太多的期望，但改革的道路往往是曲折、复杂的，会有各种杂音和干扰。坚持教育理想，在正确的教育价值观引领下，让教育教学真正回到本源上来，是我们迫切要做的事，也是编写这套丛书的初衷。

关键问题 1

政治命题：改革的逻辑与要求（一）

本讲是思想政治学科的第一讲。从这一讲开始，我们将以《教育考试与评价》为指导，结合《普通高中思想政治课程标准（2017年版）》（以下简称《课程标准》），共同探讨高考改革背景下思想政治学科考试和教学的新变化。

无论是研究考试评价还是课堂教学，都离不开《课程标准》的指导。本次《课程标准》的修订，一方面凝练了包括政治认同、科学精神、法治意识、公共参与等在内的思想政治学科核心素养，另一方面提出了"构建以培育思想政治学科核心素养为主导的活动型学科课程"的理念。这两方面被学科专家誉为本次课标修订的最大亮点。找准学科核心素养的定位，并将学科核心素养合理划分为四个层级，就为学业水平的划分找到了依据。要理解高考改革，就必须将其置于课程改革的背景之中。

《课程标准》指出："本课程的实施，以课程标准为依据，以发展学生思想政治学科核心素养为目标，力求将学业质量转化为具体的教学要求，体现教学与评价的一致性。""学业水平考试坚持以学生的思想政治学科核心素养发展水平为考查对象，考查学生能否综合运用相关学科内容，参与社会实际生活，在真实情境中提出问题、分析问题和解决问题；重点关注能否坚持正确的思想政治方向，形成正确的世界观、人生观、价值观，是否展现出了适应当代社会发展和终身发展所需要的、必备的思想政治学科核心素养。"

那么，基于核心素养的考试评价体系发展状况如何呢？综观近年来各省市的重大考试，可以感受到试题已经开始向基于学科核心素养的评价方向转变。

例如，把政治认同、科学精神、公共参与作为考试的重心，法治意识的考查力度有所加强。2019年春季，北京市开启今年第一次学业水平合格性考试。在政治命题组提交的命题思路报告中，明确指出："2019年第一次学业水平合格性考试试题，以'培养什么人、怎样培养人、为谁培养人'为指导，落实立德树人根本任务。试题积极探索学业水平考试的实践路径，弘扬社会主义核心价值观，融入中华民族优秀传统文化，聚焦关键能力和核心素养，力争发挥对课堂教学的引导作用，促进学生全面而有个性的发展。"

又如，很多省市基于《课程标准》，着手细化学业质量标准，帮助教师和学生分别把握教和学的深度和广度，引导考试评价更加关注育人目的。

再如，一些省市早在《课程标准》修订之初，就积极着手考试命题改革，将教、学、考有机衔接，形成育人合力，努力引导从死记硬背、机械训练向分析理解、综合运用发生转变。对比2014年前后的试题，不难看出这种变化趋势。例如，2013年的高考北京文综卷在考查《文化生活》这一模块时，试题的基本立意是概念的记忆和理解。2014年后，考查方向转向对中华民族优秀传统文化的认同。

【真题再现】2013年高考文综北京卷第41（3）题

长江、黄河流域孕育的中华文化，以其悠久的历史、丰富而绚丽的内涵、鲜明而独特的风格，显示出顽强的生命力和无穷的魅力。中华文化源远流长、博大精深的一个重要原因在于它特有的包容性。

如何理解中华文化的包容性及其作用？

更多关于试题注重学科
基础性考查的内容
请扫码观看

【参考答案】

中华文化的包容性，即求同存异和兼收并蓄。求同存异：能与其他民族的文化和睦相处。兼收并蓄：能在文化交流中吸收、借鉴其他民族文化的积极成分。中华文化包容性的意义：有利于与其他民族文化在和睦的关系中交流，增强对自身文化的认同和对其他民族文化的理解。

【真题再现】2018年高考文综北京卷第41（3）题

"茗注莫妙于砂，壶之精者又莫过于阳羡。"作为传统茶具代表之一的紫砂壶，器型抱朴，有虚静之态，装饰典雅有韵致，加之镌刻于壶体表面寓意深远的题诗赋画融诗、书、画、印为一体，达到了实用性与艺术性的完美统一。从2014年中国APEC峰会，到2016年G20杭州峰会，再到2017年"一带一路"国际合作高峰论坛等外事活动中都能看到紫砂壶的身影。

（3）阅读材料，谈谈紫砂壶的文化价值。

【参考答案】

紫砂壶作为茶文化的物质载体，其器物之美体现了中国人的精神世界和审美情趣，展现了中华文化的深厚底蕴和独特魅力，借紫砂之妙可以传播中华优秀传统文化，促进文化交流，增强文化自信。

对中华文化的认同是政治认同的重要方面。《课程标准》指出："我国公民的政治认同，就是拥护中国共产党的领导，坚持和发展中国特色社会主义，认同中华人民共和国、中华民族、中华文化，弘扬和践行社会主义核心价值观。"就《文化生活》这一模块的考题来说，一些省市明确提出要"把社会主义核心价值观、中华优秀传统文化考出来"。并且在学科核心素养的评价方式上，探索出了一些值得借鉴的方法。我们仍然以《文化生活》的考试为例，对此进行简要分析。

第一，除考查传统的《文化生活》的基础知识外，还注重考查学生对中华优秀传统文化的真实了解和具体认知。例如，2015年北京市高中毕业会考的第31题，以北京市的四座闻名古桥为题目，考查学生对于北京地域优秀传统文化的认知。

【**真题再现**】2015年北京市高中会考第31题

古桥，跨越时空，见证历史，连接未来。

A.位于通州区和朝阳区交界之处，横跨通惠河，是古时扼守京东的咽喉要道，见证了三万清军奋勇阻击英法联军一场石破天惊的血战。

B.始建于元代，坐落在地安门外，是京杭大运河漕运船只进入皇城的必经之桥，是北京中轴线上的一座名桥。

C.位于京西永定河上，是古时进出北京西大门的必经之桥，见证了抗日战争的全面爆发，是第一批全国重点文物保护单位。

D.南临天安门广场，北倚天安门城楼，造型优美，雕刻精湛，全国少见，堪称东方桥梁的精美之作，是全国人民心中的神圣之桥。

（1）走访古桥，认识北京：任选图中两座古桥，写出它们的名称。

（2）学以致用，阐释价值：运用《文化生活》的相关知识，说明在北京现代城市建设中保护古桥的意义。

第二，考查学生在具体文化现象中对中华文化所秉持的态度，即能否真正做到文化认同和文化自信。中华优秀传统文化与学科内容不是"两张皮"，而是要实现二者的有机结合，要与能力考查相融合，与学生的思想生活实际相结合。品味2018年春季北京市高中会考第29题，我们或许可以得到一些有益启示。

【真题再现】2018年春季北京市高中会考第29题

民间剪纸是中国古老的民间艺术之一，已被列入联合国教科文组织"人类非物质文化遗产代表作名录"，是世界文化之瑰宝。然而，中国民间剪纸长期以来远不如国画、中国书法等为世界所知晓。某班同

学以"让中国民间剪纸艺术走出国门"为议题展开讨论，两位同学分别提出各自的观点。

让中国民间剪纸艺术走出国门

观点一

我国民间剪纸通常采用比兴手法创造出来多种吉祥物，以国人约定俗成的形象组合表达中国人对美好生活的向往。例如，用两个柿子和一只如意的构图，寓意"事事如意"。用喜鹊的图案表示"喜"，用鸡的图案表示"吉"。这些图案的寓意外国人难以理解，自然接受困难。中国民间剪纸要走出国门，需要让外国人理解其内容，可用中国民间剪纸来表现外国文化元素。

观点二

"一剪之巧夺神功，美在人间永不朽。"我国民间剪纸艺术根植于博大精深的中华传统文化，浓缩了中华文化的传统哲学理念。其艺术风格、内涵等方面展现了中华民族的气质和审美取向，与中国人的生活和思维方式联系在一起。"民间剪纸艺术走出国门"也要保持原汁原味，不能一味迎合外国人的审美习惯，否则中国民间剪纸艺术就失去了生命力。

从以上两种观点中选取一种你支持的观点，用《文化生活》相关知识阐述理由。要求：观点明确，阐述充分，分析具体。

【评分标准及参考答案】

本题属于开放性试题，符合要求，言之有理，即可得分。

评分观察视角：聚焦在完成解释与论证的学科任务中表现出的学科素养水平。

观点一：

水平三　从尊重文化多样性、文化交流传播等角度解释与论证，理论运用准确，分析条理清楚，思维逻辑清晰，显示出较高的学科素养水平。

水平二　从尊重文化多样性或文化交流传播等角度解释与论证，理论运用比较准确，分析比较有条理，显示出基本的学科素养水平。

水平一　单纯罗列理论，缺少分析过程；或分析与理论不相符合。

示例：

文化具有多样性。一方水土，一方文化。中国民间剪纸艺术走出国门，需要尊重不同文化的差异、不同国家和民族的审美习惯。

观点二：

水平三　从文化多样性、民族性等角度解释与论证，凸显文化自信，理论运用准确，分析条理清楚，思维逻辑清晰，显示出较高的学科素养水平。

水平二　从文化多样性或民族性等角度解释与论证，理论运用比较准确，分析比较有条理，显示出基本的学科素养水平。

水平一　单纯罗列理论，缺少分析过程；或分析与理论不相符合。

示例：

世界上每个民族、每个国家都有自己独特的文化。民族文化是一个民族区别于其他民族的独特标志。越是民族的，越是世界的，要坚定文化自信心。

从这道试题中，我们不仅看到了文化认同与文化自信的基本立意，还看到了文化辨识与文化价值、文化的民族性与世界文化的多样性、文化传承与文化弘扬。

通过上面的示例，我们可以看到考试评价正在发生重大变化。变化趋势旨在考查学生的学科核心素养。它带给我们的教学启示就是要高度重视学生学科核心素养的培育。我们必须牢记，基于学科核心素养的考试评价强调以下三点：第一，测量水平的尺度不仅来自学科内容本身，还来自学生自身的"行为"；第二，测试的内容不是书本"答案"，而是能表明素养水平的证据；第三，评价的不是传统意义上的"要求"，而是学生的实际"表现"。

政治命题：改革的逻辑与要求（二）

在上一讲中，我们探讨了政治学科的考试评价发展趋势。本讲我们将集中探讨基于学科核心素养的考试命题框架。

《教育考试与评价》阐述了一个重要观点：想要在试题中体现立德树人的观点是需要命题者努力挖掘的，绝不能简单地把一堆资料推给学生，也不能强穿硬戴。思想的表达精准度不在于语言文字的多少，有时只需关键性的一句话甚至一个词，就可以起到画龙点睛的作用，这样的题目才会具有导向效果。要确保每一个素材，每一个创意，都融入到试题中。

要想把握新课程考试评价方式，我们需要认识学科核心素养与问题情境、学科任务、学科内容之间的关系，《课程标准》将其视为"依据学业质量标准测试学科核心素养发展水平的前提"。

那么，该如何认识学科核心素养与三者的关系呢？思想政治学业水平考试的命题框架，以学科任务导向为标志，由关键行为表现、学科任务、问题情境和学科内容四个基本维度构成，目的在于有效测试学生关于思想政治学科核心素养的真实发展水平。关键行为表现与问题情境、学科任务、学科内容的内在关系，可以用图来表示。

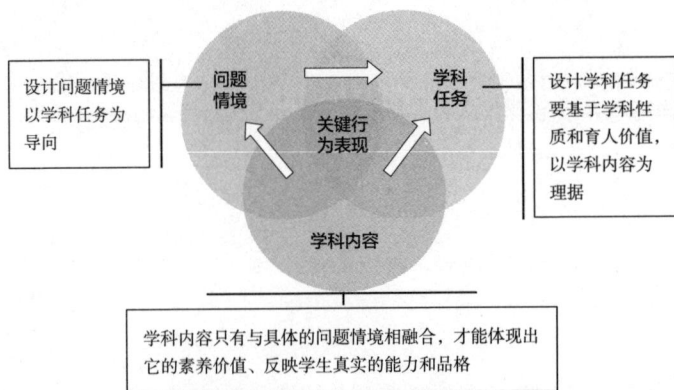

学科核心素养与问题情境、学科任务、学科内容的关系

其中，问题情境是执行学科任务、运用学科内容、展示关键行为表现（学科核心素养水平）的条件和平台。学科任务是将内在的核心素养水平外显为可观测行为特征的媒介和向导。学科内容是印证所考查核心素养水平的理据和依托。设计问题情境的直接目的是引导学科任务的完成，因为行为表现是在任务完成的过程中具体展现出来的。设计学科任务不能"任性"，应该基于思想政治学科性质和育人价值，合理界定基本的学科任务类型，如描述与分类、解释与论证、预测与选择、辨析与评价等。2017年北京市夏季普通高中会考第37题就是按照新课程评价思路设计的。

【真题再现】 2017年夏季北京市高中会考第37题

某学习小组参加学生会举办的"中学生商业挑战赛"，成立"星星公司"，商讨营销项目。阅读材料，回答问题。

如何才能找准营销定位？一位同学找来SWOT分析模型并介绍说：公司要根据内部环境和外部环境，客观分析自己的长处、短处、机遇、威胁，合理确定市场目标，赢得市场。

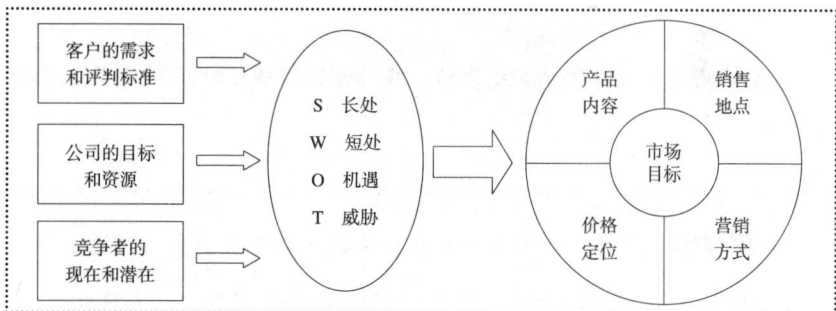

SWOT 分析示意图

（1）选用一个哲学道理，说明SWOT分析过程的合理性。要求：结合整个图示或局部图示，写出具体分析过程。

活动中给出的"SWOT分析示意图"，属于典型的结构化情境。图示左侧三个方框中的内容，是分析问题的起点，表明"找准营销定位"，既要认识消费者和本企业之间的关系，又要认识本企业与同行之间的关系。图示中央的SWOT，是学科任务给出的分析路径。图示右侧的"市场目标"包括"产品内容""销售地点""价格定位"和"营销方式"，是该情境给出的分析终点。"选用一个哲学道理，说明SWOT分析过程的合理性。要求：结合整个图示或局部图示，写出具体分析过程"，既包括学科内容，又包括学科任务，其任务类型属于"描述与分类"。这一设计旨在聚焦学科核心素养，针对教学中长期存在的"重视结论、轻视分析，不求甚解、浅尝辄止，简单记忆、机械套用"等问题，强调思维过程的培养。

通过分析这道试题，还有助于我们理解影响情境和能力的主要因素，为什么说"主体越多""关系越多""目标越多""影响因素越多""利益越多样""价值观越丰富"，情境就越复杂，能力要求就越高？

"星星公司"获得了3000元资助。在讨论营销项目时，"公司"内部产生分歧。

同学甲：应该营销图书和文具，学校里学生数量多，对图书和文具需求量大。三班同学的"公司"在销售图书和文具上已大获成功，规模很大，获利很多，我们可以和他们比拼一下。

同学乙：应该订制和营销印有学校标识的水杯，这种产品有纪念意义。在一些大学，印有学校标识的水杯十分畅销，但在中学还是空白。

同学丙：应该订制和营销有特色的校服，春夏秋冬，款式不同，色彩绚丽，富有个性，肯定会受同学们欢迎。整套向各班批发，获利肯定很大。

（2）任选一位同学的发言，运用SWOT分析方法，说明该同学的建议是否可行（也可以另外推荐产品,但必须用SWOT分析方法详细说明理由）。

三位同学的发言，观点明确，理由充分，属于结构化情境。"任选一位同学的发言，运用SWOT分析方法，说明该同学的建议是否可行"是具体的学科任务，属于"辨析与评价"类型。学科内容的理据具有综合化的特点，既含有唯物辩证法的观点，又含有经济学原理。

在讨论中，一位同学提议：应该营销校内缺少的食品饮料，特别是同学们平时爱喝的可乐、雪碧等碳酸饮料，肯定能盈利。另一位同学说，不是咱们想卖什么就可以卖什么，校内商品部不卖这些商品，可能是因为政府有禁售规定。

（3）同学们下一步应该怎么办？请说明理由。

这一问题情境依然属于结构化情境。学科任务瞄准"预测与选择""辨析与评价"。学科内容包括如何理解权利与义务的关系、公民参与社会生活的有序性等。活动设计的立意是聚焦学科核心素养中的"法治意识"，在现行课程内培育学生的规则意识、权利和义务意识，增强社会责任感。

通过以上对思想政治学科命题框架四个基本维度的分析，可以总结出新课程考试的前进方向和所遵循的技术路径。既然考试这样评价，那么日常教学就应当按照命题框架所指引的方向前行。在教学中，无论是创设简单情境还是复杂情境，都应该处理好问题情境、学科任务和学科内容之间的关系，观察学生关键行为表现，使学科核心素养的培养落到实处。

举例来说，在《生活与哲学》或《文化生活》的教学进行到一定阶段时，可以设计类似的教学活动：

【情境设计】一封来自居委会的信

> 亲爱的同学们：
>
> 本小区经过改造，环境面貌已焕然一新。为了营造社区文化氛围，居委会增设了文化宣传栏。希望同学们建言献策，踊跃为宣传栏撰稿。
>
> **内容要求**：同时体现社会主义核心价值观和中华优秀传统文化。
>
> **形式要求**：促进人际关系和谐的名言警句或诗句。
>
> 感谢同学们的参与！
>
> 曙光居委会

【活动设计】请同学们查阅资料，开动脑筋，写出自己的设计。

在这个教学活动中，问题情境是居委会征集宣传栏稿件。学科任务类型是"描述与分类"。具体任务分为内容要求和形式要求，内容要求是"同时体现社会主义核心价值观和中华优秀传统文化"，形式要求是"促进人际关系和谐的名言警句或诗句"。学科内容包括两个方面：一是对社会主义核心价值观结构的认识与理解，二是在学习中积淀的中华优秀传统文化的修养。三者关系如图所示。

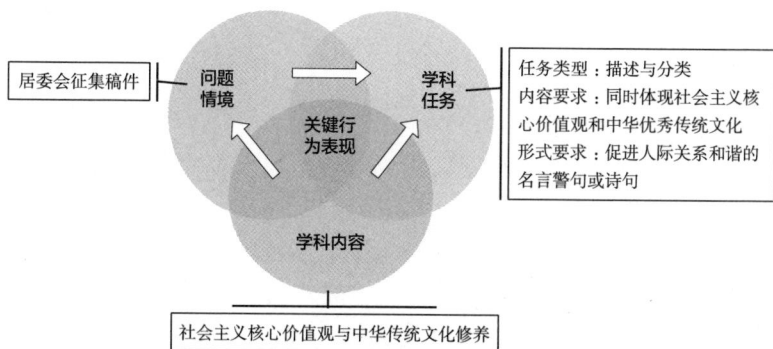

学科核心素养与问题情境、学科任务、学科内容的关系

要想完成这一任务，学生不仅要熟悉社会主义核心价值观的内容，还要清楚社会主义核心价值观的内在结构，即"富强、民主、文明、和谐"是国家层面的价值目标，"自由、平等、公正、法治"是社会层面的价值取向，"爱国、敬业、诚信、友善"是公民层面的价值准则。显然，"促进人际关系和谐的名言警句或诗句"针对的是公民层面的价值准则，是"诚信"和"友善"的要求。完成这一任务具有一定的难度。

在这个活动设计中，学科内容不是僵死凝固的，学科任务是明确具体的，问题情境是真实鲜活的，实现了问题情境、学科任务、学科内容的有机融合。如果学生能写出《论语》中的"己所不欲，勿施于人"，或《左传》

中的"人非圣贤，孰能无过"，或《后汉书》中的"精诚所至，金石为开"，或《孟子》中的"爱人者，人恒爱之；敬人者，人恒敬之"，又或《增广贤文》中的"良言一句三冬暖，恶语伤人六月寒"等的任意一句或类似语句，则说明学生完成了学科任务，具备较好的学科核心素养。这样的活动设计，将内在的学科核心素养在具体情境中外显为学科任务，活动结果可评可测，满足《课程标准》对活动设计的要求。

政治命题：价值追求和实践

（一）

《教育考试与评价》中写道：高考对单纯工具性的能力考查在逐步改变，价值理性在其中将占有越来越大的比重。其实，整个教育改革都呈现出改变传统的单纯工具性的倾向，而越来越凸显价值理性的作用。今天，在我国经济社会发展进入一个新阶段、综合国力全面加速提升的时刻，我们可以清楚地看到，仅仅重'术'的培养模式已经越来越无法满足社会发展对人才全面而且多样性的要求，同时也越来越无法满足人自身的全面发展和个性潜能发展的需要，对人的培养才是教育的根本。那么命题改革的理念到底是什么呢？我们可以将其简单归纳为8句话：把'立德树人'放在各学科命题和教学的首位；试题要具有时代性，紧密联系当前社会和科技发展；理论联系实际，加强对学生实践应用能力的培养；试题要具有开放性，引导教学走向开放的思维；加强对学生思维能力的考查，引导教学注重过程；考查问题的本质，培养学生高层次的处理复杂问题的能力；注重考查基础，引导教学回归教材和课程；命题改革创新，加强学生核心素养的养成。

《教育考试与评价》是具有前瞻性的。阅读《课程标准》中列出的样题及分析，同样可以看到考试评价的这一走向。

【样题1】有这样一家"社会企业"，通过免费（或收取很少费用）提供优良种子给贫困农户，鼓励他们种植辣椒，邀请农业专家免费对他们进行培训，并与农户签合同约定价格进行产品收购，以保证他们的合理利润；同时规定农户在种植辣椒的过程中不得使用有害化肥、农药。企业在运营过程中，尽力为农民工、残疾人等提供工作岗位，为社会解决一部分特殊人群的就业问题。当企业积累了一定资金时，除拿出相当大一部分支持公益事业，使弱势群体得到更大程度的关怀和帮助之外，还为其他公益团队提供物资和资金支持，让更多的公益团队成长起来。

分析上述材料，你认为"社会企业"与普通企业有什么不同？

【样题2】有一块广阔的公共草地，周围的村民都可以到草地上自由放牧。大多数村民的想法是：即使我们家限制放养牛羊，别人家也可能会尽量多地放养牛羊，因此，我们家没有必要保持克制。于是，草地上放养的牛羊数量超过了草地的承载能力，导致草地退化，这就是人们常说的"公地悲剧"。为了解决草地的过度使用问题，当地镇政府召开了多次会议，提出要按照草地的承载能力，由镇政府对每家每户放养的牛羊数量进行严格限制和监管。可是，有些村民质疑政府的能力，因为他们担心镇政府缺乏进行有效限制和监管的信息。

（1）你认为导致"公地悲剧"的主要原因是什么？

（2）你认为哪些因素会影响政府对放养牛羊数量实行限制和监管的有效性？

（3）你认为在公共领域还有哪些类似"悲剧"？举例说明。

【样题3】纪录片《记住乡愁》于2015年元旦在中央电视台首播。该片选取100多个传统村落，围绕中华传统美德的千百年传承，一集一村落，一村一传奇，采取纪实手法讲述一个个生动感人的故事：有坚守精忠报国、宁死不屈民族气节的，有传承诚信为本、诚实待人村风的，有秉持积善成德、助人为乐精神的，有倡导邻里和睦、守望相助的，有崇尚尊重生命、敬畏自然的……《记住乡愁》的播出引发社会强烈反响。古建筑学者将其誉为中国传统文化"立体的教科书，现成的博物馆"，历史学者认为《记住乡愁》呈现了一幅生动的乡村历史画卷，民俗学者从节目中看到了一个个非物质文化遗产的"活化石"，社会学者强调汲取传统乡村社会治理的智慧和经验……

（1）培育和践行社会主义核心价值观需要记住乡愁、传承中华传统美德。运用文化理论对此加以论述。

（2）运用认识论的相关知识并结合材料，分析不同学者从《记住乡愁》中获得不同感受的原因。

通过分析这三道样题，可以看出它们为考试命题和课堂教学传递出如下信息。

1. 把学科核心素养作为明确的考查目标。三道试题都以考生的思想政治学科核心素养发展水平为考查对象，考查考生能否综合运用相关学科内容，参与社会实际生活，在真实情境中提出问题、分析问题和解决问题。三道试题直接或间接地考查考生能否坚持正确的思想政治方向和正确的世界观、人生观、价值观，是否展现出适应当代社会发展和终身发展所需要的思想政治素养。

样题1的情境是"一家'社会企业'"的运营过程。"社会企业"旨在倡导社会经济得到长足发展后我们更要关注社会和谐和社会公平。从选材上看，试题力求体现社会主义核心价值观导向，引导考生认识到企业不仅要关注自身的经济利益，还应当关注社会利益。

样题2以考查"公地悲剧"的成因、解决方案以及公共领域还有哪些类似"悲剧"为线索，通过分析问题，唤起考生对社会生活的关切，引导考生认识经济发展与环境、资源的关系，坚持科学发展观，体现了考试评价的育人作用。

样题3以纪录片《记住乡愁》为情境，围绕中华传统美德的千百年传承，把培育和践行社会主义核心价值观与记住乡愁、传承中华传统美德连为一体，深层次考查考生的理论认知，凸显了思想政治课所倡导的对中华民族、中华文化的认同，以及弘扬和践行社会主义核心价值观的理念。

2. 创造性地搭建出思想政治学科考试命题平台。新课程注重强调学科核心素养与问题情境、学科任务、学科内容之间的关系，并将其视为"依据学业质量标准测试学科核心素养发展水平的前提"。分析三道样题，可以看到它们都是以学科任务导向为标志，由关键行为表现、学科任务、问题情境和学科内容四个基本维度构成，进而有效测试考生的思想政治学科核心素养的真实发展水平。

学科任务指向明晰。如样题1的学科任务类型是"描述与分类"，要求考生根据材料，综合运用已有知识比较不同事物之间的性质和特征。样题2的学科任务类型是"预测和选择"，要求考生对问题解决方案的合理性、可行性进行分析和说明。样题3涉及的学科任务类型是"解释与论证"，既包括对现象的解释，又包括对结论的论证。

创设结构化的问题情境。所谓结构化情境，是指构成情境的要素是完整的、有序的，具有较好的逻辑结构。结构化情境需要命题者对复杂材料进行人为加工，剔除无关信息，使问题指向更为清晰、思考线索更为明确。结构化情境可以避免考生对情境做出多种不必要的解读，使评价的目标更加明确，评价更为科学。

学科任务的完成离不开学科内容。在问题情境中导向学科任务，在完成学科任务的过程中寻找学科内容作支撑，实现了学科任务、问题情境、学科内容三者在试题中的有机融合。

关于考生的关键行为表现和问题情境、学科任务和学科内容的关系，《课程标准》中有较为详尽的分析，在此不再赘述。

3. 考试评价的重点是"关键能力"。"培养什么人、怎样培养人、为谁培养人"是教育的根本问题。以此类推，"选拔什么人、怎样选拔人、为谁选拔人"就成了考试评价的基本问题。《课程标准》指出，学业水平考试要"重点关注能否坚持正确的思想政治方向，形成正确的世界观、人生观、价值观，是否展现出了适应当代社会发展和终身发展所需要的、必备的思想政治学科核心素养"。这一说法无疑是十分正确的，但客观地说，仅在纸笔考试的条件下，想要完成"选拔什么人""为谁选拔人""是否形成正确的世界观、人生观、价值观"的考试评价具有相当的技术难度，需要我们为之不断地奋斗、深入地开展研究。而"怎样选拔人"则是在新课程下必须解决的现实问题。思想政治学科的"怎样选拔人"，不仅需要测试学生的核心素养，如政治认同、科学精神、法治意识、公共参与等，还需要测试学生的"关键能力"，即认知能力、合作能力、创新能力、职业能力。中共中央办公厅、国务院办公厅印发的《关于深化教育体制机制改革的意见》指出："在培养学生基础知识和基本技能的过程中，强化学生关键能力培养。培养认知能力，引导学生具备独立思考、逻辑推理、信息加工、学会学习、语言表达和文字写作的素养，养成终身学习的意识和能力。"《国家教育事业发展"十三五"规划》在深化考试招生制度改革部分指出，要"深化考试内容改革，着重考查学生独立思考和运用所学知识分析问题、解决问题的能力"。

《课程标准》中呈现的样题，在坚持正确价值观的前提下，将考查重点置于"关键能力"。例如，样题1通过对"社会企业"的外在描述，要求考生对材料信息进行提炼和归纳，回忆教材中对一般企业的知识，对这种"社会企业"的特征进行多角度描述，对"社会企业"和普通企业进行多角度比较。着重考查的是"独立思考、逻辑推理、信息加工"的能力。

4. 将审辩式思维引入考试评价。什么是审辩式思维？"维基百科"英文版的解释是："审辩式思维是一种判断命题是否为真或部分为真的方式。审辩式思维是我们学习、掌握和使用特定技能的过程。审辩式思维是一种通过理性思考得出合理结论的过程，在这个过程中，包含基于原则、实践和常识基础之上的热情和创造。"中国语言大学教育测量研究所原所长、中国教育学会统计测量分会副理事长谢小庆在《审辩式思维》一书中指出："审辩式思维是最重要的国民素质，表现在认知和人格两个方面。其突出特点表现为：1.合乎逻辑地论证观点；2.凭证据讲话；3.善于提出问题，不懈质疑；4.反省自身的问题，对异见保持包容的态度；5.认识并理解一个命题（claim）具有特定的使用范围和概括化（generalization）范围；6.直面选择，果断决策，勇于为自己的选择承担后果和责任。"分析三道样题，可以看出均带有强烈的审辩式思维的评价特征。

例如，样题1考查"'社会企业'与普通企业有什么不同"，但试题给出的情境中并未涉及"普通企业"，这就要求考生唤起以往关于"普通企业"的学习记忆，并以此为基准，与"社会企业"进行详尽比较，从"企业的特征、对盈利的追求程度、对盈利的使用规定、实现社会目标的方式等方面"具体说明社会企业与普通企业有何不同。这一问题立意，使我们了解到，无论是基于学科核心素养的教学评价还是考试评价，都不应当是一个简单的知识记忆和拷贝过程，而应该让学习和考试评价成为一个探索和发现的过程。

样题2在引入审辩式思维的倾向上更加明显。"你认为哪些因素会影响政府对放养牛羊数量实行限制和监管的有效性？""哪些因素"是这一设问的核心，但在试题材料中，并没有给出与"因素"相关的具体信息，需要考生自己去寻找、合理想象、逻辑推理、凭证据讲话。如政府是否能够准确计算草地的承载能力（草原面积、放养者数量等）；政府是否能够合理安排和限制村民放养数量（政府的职能和政府的管理体制等）；执行限制和监管任务的政府工作人员是否认真履职（官员的表现和官员数量等）。正如《课程标准》对这道试题解释的那样——本题"要求考生对问题解决方案的合理性、可行性进行分析和说明"。

对于审辩式思维的考查是当今教育界流行的一种教育测量方式，需要引起广大教师的高度重视。样题所体现的这一价值追求，直指以往教学和考试评价中的缺陷，值得我们深刻思考。培养学生的思辨能力、批判能力和创新能力是以往教学的最大短板，缺少审辩式思维的评价导向是以往考试评价的不足。新课程要求我们要努力地改变陈旧的教学方式，倡导研究性学习，发展学生的审辩式思维能力。

样题及样题分析带给我们的启示是多方面的。我们要加大对《课程标准》中的样题及样题分析的研究，使教与学、学与考成为一个有机整体。

政治命题：价值追求和实践（二）

在前三讲中，我们讨论了考试命题与《课程标准》的关系。这一讲，让我们有意识地与《课程标准》拉开一点距离，从欣赏试题的角度谈谈什么才是好的试题。

《教育考试与评价》中谈到了一个话题："考试的结果值得相信吗？"让我们一起重温一下大体内容。

对于考试，如果用专业术语来定义的话，它是教育测量的一种方式。"测量"这个概念你很熟悉，可"教育测量"是什么意思，估计你就不太明白了。用业内的话来说，教育测量就是指根据一定的法则，用数字来表示教育效果或者教育过程的一种方法，所以才有了考试分数与学生学业水平的对应关系。

那么我想问，你觉得怎样才能对教育进行测量呢？为什么考试能够成为教育测量的方式呢？

想象一下，如果让你测量某个物体，比如测量物体的长度，你要怎么做？很简单，你可以先检验量尺的精确度，再把量尺放到物体上，让大家直接看到读数就可以了。

但教育却没这么简单，它是无法进行直接测量的。知识和能力虽然是人脑中的一种客观存在，但要想把一个东西放到人的脑袋上，就能直接读出人的智能水平，这一点在技术上可能永远也无法完全实现。对人的知识和能力的测量只能是间接测量，也就是说，只能通过取样、检测心理现象的外显行为，进行分析，加以推断，从而推知个体的能力特点等。

考试就是一种推断人的知识及能力水平的取样测量工具。它用一组标准的刺激来刺激人的大脑，然后分析人的反应，从而推断出人的知识和能力水平。具体来说，试卷就是一组组标准的刺激，学生的答题结果就是接受刺激后的反应，而考试结果就是对学生水平的推断。

作者的叙述十分生动，形象地说明了什么是教育考试评价以及考试评价的特性。E. L.桑代克在《心理与社会测量学导论》一书中指出："教育测量就是按照一定的规则，给所要考察研究的教育对象，在某种性质的量尺上指定值。"教育测量的性质有三个方面：第一，测量对象具有可测量的特质，"凡是存在的东西都有数量，凡是有数量的东西都可以测量"；第二，教育测量是一种间接的心理测量；第三，教育测量存在误差是难免的。

"教育测量存在误差是难免的"，这不仅是因为教育测量具有相当的难度，还因为作为测量的尺度——某些考题本身就存在问题，导致测量不够精准。

与一些高水平的教师交谈时，他们往往会不约而同地谈到同一话题：有些省市级命制的正规试卷，甚至是高考试卷，题目读起来索然无味，如同嚼蜡，除了基本完成当时的考试测评任务外，之后便无人提及，并很快淡出人们的记忆。而另有一些题目则让人过目不忘，阅后由衷佩服命题人业务的精湛和设计上的独具匠心。这两种试题都将置于历史的题库中，但优秀试题却会成为经典，长时间地被师生引用，并成为教师训练学生的经典样板。

几乎所有命题人都怀揣着这样的梦想：命制出的试题科学严谨、形式新颖、构思巧妙、语义清楚；试题一经面世，便迎来好评如潮。

经典试题之所以超凡脱俗，让人百读不厌，是因为试题编制达到了"信、达、雅"的境界。"信、达、雅"是清末大学者严复提出的翻译标准。他说："译事三难：信、达、雅。求其信已大难矣！故信矣不达，虽译犹不译也，则达尚焉。"严复的名言翻译成白话文大意是，翻译工作有三项不容易做到的事：信、达、雅。要做到忠实于原著本来就很不容易，但如果只注意准确却忽略了译笔的通达晓畅，那么即便是译了出来也等于没有译，可见译笔的流畅是应予以重视的。

如果在试题命制上能够借用"信、达、雅"三个字，并且赋予它们新的含义，或许"信、达、雅"可以成为试题命制的金科玉律。

"信"，在试题命制中指试题科学严谨、准确无误，信度、区分度、难度等各项指标符合要求。"信"是命制试题的第一要义，是实现检测目标的基础。无论是第一次命制试题的人，还是积累了一定经验的命题人，命制试题达到"信"已十分不易，要达到"达"和"雅"的境界则更困难。

"达"，是试题立意的真正到达，是命题思想的真正到达，是命题境界的真正到达，也是命题技术的真正到达。在"信、达、雅"中，做到"达"是最困难的事情。很多试题看起来科学严谨，形式新颖，达到了"信"和"雅"的高度，但如果仔细推敲，就会发现与"达"的高度尚有距离。"达"有以下几层意思：

第一，考查内容要以立德树人为导向，准确反映《课程标准》的精神，忠实执行《课程标准》的要求，试题不超纲，标准不降低；

第二，考查内容锁定在学科核心素养上，能够测试出学生的知识结构和认识问题、解决问题的能力，具有良好的信度和合理的区分度；

第三，试题能向课堂教学和备考发出正确的信息，具有良好的导向作用，使广大师生清楚试题的内在立意和价值追求。

例如，在学业水平考试中，试题应符合学业水平考试的性质，考查内容定位在"应知""能会""有用"的知识，而非考查细枝末节或犄角旮旯的知识和问题。在选拔性考试中，试题应该能够准确测量考生的知识结构和学习潜力，具有良好的信度、效度和区分度，并且让广大师生清楚试题的导向，知道为什么这样考，而不是那样考。这些问题，都与"达"字息息相关。总之，试题不仅要科学、亮丽，还要有灵魂。"达"是区分优秀试题和平庸试题的分水岭。

"雅"，在试题命制中指试题的文字表达和设计形式，指试题命制达到较高的技术水准和艺术水准。"雅"要求设计巧妙，文字优美，形式生动，独具匠心。"雅"不是单纯地追求试题外在形式，更不是堆砌辞藻，过度煽情，而是内容和形式的完美结合。

在众多学业水平考题中，笔者较为欣赏2011年夏季北京市高中会考第29题和第32题在命制工作中做出的探索，两道试题适合学业水平考试性质，体现了不同模块的试题特点，试题命制水平基本做到了"信、达、雅"。

【真题再现】2011年夏季北京市高中会考第29题

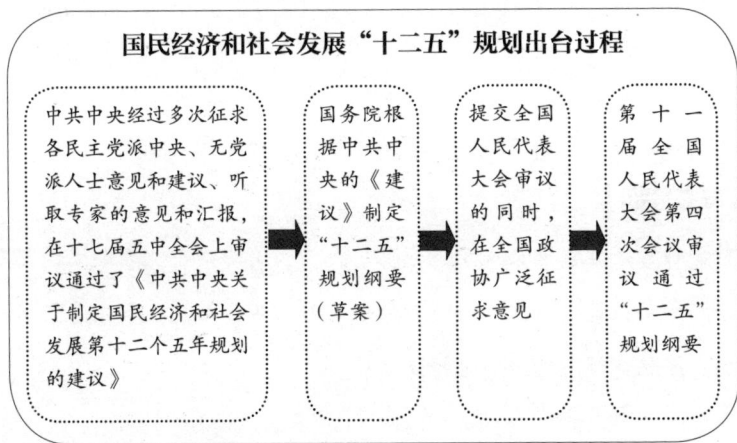

国民经济和社会发展"十二五"规划出台过程

中共中央经过多次征求各民主党派中央、无党派人士意见和建议、听取专家的意见和汇报，在十七届五中全会上审议通过了《中共中央关于制定国民经济和社会发展第十二个五年规划的建议》	→	国务院根据中共中央的《建议》制定"十二五"规划纲要（草案）	→	提交全国人民代表大会审议的同时，在全国政协广泛征求意见	→	第十一届全国人民代表大会第四次会议审议通过"十二五"规划纲要

图中所示过程，反映出我国实行哪些政治制度？

【参考答案】

中国共产党领导的多党合作和政治协商制度；人民代表大会制度。

【真题再现】2011年夏季北京市高中会考第32题

下面是经济研究的两个模型（假设）：

	模型一	模型二
条件（生产）	某地方发现了金矿，有人投资开采，招募1000个工人，每年获毛利1亿美元。	
过程（分配、消费）	矿主把5000万美元作为工资发给工人。工人年收入5万美元，其中1万美元用于租房屋，4万美元成家立业。工人要租房，引来一些人建房修路；工人要吃要喝，餐饮业红火起来；工人要消费，有了电影院和商场；工人的孩子要读书，出现了学校…… 　矿主拥有5000万美元，除消费外，继续用于投资……	矿主把1000万美元作为工资发给工人。工人1万美元的年收入只够填饱肚子，没钱租房，没钱用于其他消费，没钱讨老婆…… 　矿主虽然手上握有9000万美元，但一看当地都是穷人，没有其他消费能力，于是把钱转到国外，盖别墅，雇保镖，游世界……
结果	50年后，当这个地方的金矿被挖光时，其他产业发展起来，这里已经变成了一个几万人的繁荣城市。	50年后，当这个地方的金矿被挖光时，剩下的是一些破烂的厂房和一片荒凉。

请从社会再生产角度解释为什么会产生两种不同的结果。

【参考答案】

社会再生产过程包括生产、分配、交换、消费四个相互联系的环节。

分配和交换是连接生产与消费的桥梁和纽带，对生产和消费有着重要的影响。分配环节影响经济可持续发展。

"信"：两道试题均符合学业水平考试的要求，科学严谨，能够测量出学生的基础知识以及分析问题和概括问题的能力，具有良好的信度、效度和区分度。实测表明，两道试题的各项指标均达到设计要求。

"达"：两道试题依据《课程标准》，将考核内容牢牢锁定在《政治生活》和《经济生活》的核心知识、上位知识，考查知识主干。第29题符合《课程标准》规定的"说明人民代表大会制度是我国的根本政治制度""明确中国共产党领导的多党合作和政治协商制度是具有中国特色的政党制度"的基本要求，能够检测出考生对我国政治制度的认知程度。第32题考查分配制度和消费对生产的影响，试题反映内容具有比较重大的现实意义和理论价值。两道试题不仅符合《课程标准》的要求，而且充分体现了《政治生活》和《经济生活》不同模块的学科特点，抓住了学科本质，彰显了不同模块的特色。两道试题受到广大师生的好评，对以后的课堂教学起到了良好的引导作用。两道试题体现了命题人的学科理论素养和对学科理论的深刻理解和把握，也体现出命题人对中学教学实际情况的了解，既高屋建瓴，又接地气。

"雅"：两道试题形式新颖，不落俗套，语言简明，文通意达。第29题用图示方法展示我国政治生活中的决策过程，涵盖两个政治制度，问题直指政治学的核心——政治制度的设计和安排；在文字表达上，试题追求科学严谨，天然去雕饰，没有人工斧凿痕迹，却巧夺天工，彰显言外之意、象外之境。第32题用经济模型方式展示社会再生产的四个环节及其关系，考查经济学的知识架构。用经济模型当作题面，不仅使人耳目一新，而且增强了考查内容的说服力。在文字表达上，加入了故事情景，读起来既能引人入胜，又能发人深省。两道试题，基本都做到了内容和形式的完美结合。

把有意思的东西做成有价值的试题，把有价值的东西做成有意义的试题，是命题的最高境界。"信、达、雅"则是达到最高境界的必然要求。

教师教学离不开考试命题和组卷，掌握好命题的标准，有助于我们在茫茫题海中甄选试题，进而改进考试评价和课堂教学。

政治试题："立德树人"的一堂课

"培养什么人、怎样培养人、为谁培养人"是教育的根本问题，直接影响到党的教育方针能否全面贯彻。高考试题是党和国家对人才培养、立德树人总体要求的具体体现，高考命题必须把贯彻党的教育方针，坚持正确方向，坚持立德树人的引导放在重要位置，体现高考所承载的育人功能和政治使命。

"一核四层四翼"的高考评价体系中的"一核"，明确了高考的核心功能是"立德树人、服务选才、引导教学"。高考试题将立德树人作为核心思想和基本遵循，并贯穿于谋篇布局的全过程；根据学科内容和特点，将理想信念、爱国主义情怀、品德修养、知识见识、奋斗精神、综合素质等方面的要求有机融入到试题中，充分发挥考试命题的育人功能和引领作用。

高考试题具有明确的导向性，有着明确的价值体系和评价标准，要通过考试使学生理解和认同社会主义核心价值观，要通过考试引导教学方向和教学行为不偏离教育目标。考试题目要融合立德树人的核心思想，引导学生在解题思考的过程中把个人理想与时代进步有机结合。这个目标在高考命题中已经实实在在地落实了。

思想政治高考试题是如何将立德树人作为核心思想贯穿考查过程的，下面结合几道例题加以分析。

一、试题引导学生树立远大志向，坚定理想信念

理想指引人生方向，信念决定事业成败，开展理想信念教育是培养社会主义建设者和接班人的内在要求。高考试题将理想信念教育融入试题情境，感染、触动学生，让学生在阅读和回答试题的过程中感受到榜样的人

格魅力，帮助学生筑牢精神底色、坚定理想信念，增强学生的中国特色社会主义道路自信、理论自信、制度自信和文化自信。

【真题再现】2019年高考文综全国Ⅱ卷第40题

习近平在2019年新年贺词中说："2019年，有机遇也有挑战，大家还要一起拼搏、一起奋斗……这个时候，快递小哥、环卫工人、出租车司机以及千千万万的劳动者，还在辛勤工作，我们要感谢这些美好生活的创造者、守护者。"

四川甘孜藏族自治州有一条往返1208公里、平均海拔3500米以上的雪线邮路，它是沟通藏区与内地的邮政主动脉，党中央的声音和各种邮件通过邮车送上雪域高原。

邮车驾驶员其美多吉秉持"人在，邮件在！"的敬业精神，凭借精湛的驾驶技术和丰富的出车经验，克服缺氧、"风搅雪"、孤寂等困难，驾驶邮车奔驰在白雪皑皑的"生命禁区"，服务藏区30年，未发生一次责任事故，给雪域高原的人们带去美好生活的希望，"我只是一名普普通通的邮车驾驶员，但看到老百姓拆包裹的样子，心里就开心"。2018年，其美多吉带领班组的康巴汉子们安全行驶62.49万公里，向西藏运送邮件41万件，运送省内邮件37万件。他们用奉献、忠诚与生命铸就了爱岗敬业、顽强拼搏的雪线邮路精神。2018年，其美多吉所在的康定—德格邮路被交通部命名为"其美多吉雪线邮路"。

其美多吉被评为"时代楷模"和"感动中国2018年度人物"。

（1）以其美多吉为代表的雪线邮路劳动者的事迹，生动诠释了"千千万万的劳动者是美好生活的创造者、守护者"的道理，运用社会历史主体的知识加以说明。

（2）运用《文化生活》的知识，谈谈其美多吉先进事迹对我们培育和践行爱岗敬业精神的启示。

（3）新中国成立70年来，千千万万的劳动者不断为中华民族精神增添新的时代内容。请写出其中两种精神的名称。

【参考答案】

（1）人是社会历史的主体，人民群众是社会物质财富和精神财富的创造者，是社会历史变革的决定力量。邮车驾驶员们是平凡的劳动者，他们用辛勤的劳动为藏区人民创造美好生活做出贡献；用奉献、忠诚和生命熔铸的雪线邮路精神是宝贵的精神财富，激励人们在平凡岗位建功立业。

（2）敬业是社会主义核心价值观的重要内容，爱岗敬业是做好本职工作的基本要求。要热爱工作、忠于职守；要苦练本领、精益求精；要心系人民、甘于奉献。

（3）雷锋精神、"两弹一星"精神、大庆精神、抗洪精神、载人航天精神。

试题讲述邮车驾驶员其美多吉几十年如一日爱岗敬业、无私奉献，在平凡的岗位上创造出不平凡业绩的先进事迹。

试题第一问，引导学生深刻思考个人与社会的关系，正确认识劳动的价值，认识到广大平凡的劳动者用他们辛勤的劳动为人民创造美好生活做出贡献，教育引导学生树立正确的劳动观，崇尚劳动、尊重劳动，懂得劳动最光荣、劳动最崇高、劳动最伟大、劳动最美丽的道理；并激励学生弘扬劳动精神，在今后的岗位上建功立业，用辛勤劳动书写报效祖国的忠诚。试题第二问思考"其美多吉先进事迹对我们培育和践行爱岗敬业精神的启示",通过现实生活中榜样的力量引导学生学习其美多吉心系人民、信念坚定的品质,爱岗敬业、热爱劳动、甘于奉献的精神,引导学生培育敬业奉献的精神,立志在劳动奉献中实现人生价值。试题引导学生学习劳模先进事迹、以热爱劳动者为榜样,将个人理想、家庭和谐与国家繁荣、民族复兴密切联系起来,实现个人与社会的统一、知与行的统一。

二、引导学生厚植爱国主义情怀,笃行报国之志

爱国主义是中华民族精神的核心,是中国人民、中华民族维护民族独立和团结统一的强大精神动力,激励着一代又一代中华儿女为祖国繁荣发展而不懈奋斗。高考试题重点选择中华优秀传统文化、革命文化、社会主义先进文化以及能够反映中华人民共和国成立以来伟大建设成就和民族精神的相关素材,激发学生的爱国之情、强国之志和报国之行。通过情境强化引导、答案明确指向等方式,引导学生践行社会主义核心价值观,修好品德,成为有大爱、大德、大情怀的人。

【真题再现】2017年高考文综全国 II 卷第40(1)题

有这样一群人,他们胸怀科技报国的梦想,奋战在科技创新的最前沿,取得了世界一流成果,被称为创新中国的科技领航者。潘建伟率领科研团队在十多年的时间内使我国在量子通信领域从跟随者变成世界的领跑者;王晓东对乙肝病毒的新发现,为未来相关药物研发打开大门;赖远明带领科研团队成功破解青藏铁路修建中冻土如何"保冷"这一被称为"无法攻克的世界性难题";鲁先平历经14年创新创业成功研制中国首个用于治

疗淋巴癌的原创化学药"西达本胺"，在这一领域实现与国际先进水平并跑和部分领跑……他们的创新实践是以改革创新为核心的时代精神的生动诠释。鲁先平将原创新药的研发形容为"走钢丝"。潘建伟说："科学研究一定不能惧怕失败。"王晓东将"不只是填补国内空白，而是获取人类知识的创新"作为自己的事业追求。做事挑剔、追求完美的赖远明用"要想成功，就必须坚持"概括他的创新经验。

（1）运用"辩证法的革命批判精神与创新意识"的知识并结合材料，分析科技领航者实现科技创新的主要原因。

【参考答案】

（1）辩证法对现存事物的肯定理解中同时包含对现存事物的否定理解。按其本质来说，辩证法是批判的、革命的、创新的。坚持求真务实的科学态度；独立思考和批判性思维；追踪世界科技前沿、奋力创新的勇气；坚持不懈、攻坚克难的毅力；追求卓越和完美的精神。

试题以潘建伟、王晓东等为代表的中国科技领航者先进事迹为材料，展示了我国科技工作者胸怀科技报国理想、践行以改革创新为核心的时代精神的感人事迹，启发学生学习以潘建伟为代表的科技领航者为实现科技创新而艰苦奋斗的家国情怀，引导学生学习他们对国忠诚，为科技发展迎难而上、挺身而出的担当精神。试题素材贴近现实，使学生对青年与民族、国家、时代的关系进行深入思考。让爱国主义精神在学生心中牢牢扎根，教育引导学生热爱和拥护中国共产党，立志听党话、跟党走，立志扎根人民、奉献国家。

三、引导学生培育奋斗精神，担当时代责任

奋斗是青春最亮丽的底色，无奋斗不青春。在青少年的成长过程中注入拼搏的精气神，坚定其脚步、强健其精神，是立德树人的重要环节，也是培养社会主义建设者和接班人的历史使命。

【真题再现】2019年高考文综全国Ⅲ卷第39题

历史上，风沙、盐碱、内涝肆虐，兰考民生艰难、百姓贫苦。20世纪60年代，"县委书记的好榜样"——焦裕禄依靠群众，开启治理"三害"的征程，改善了兰考自然环境，形成了"亲民爱民、艰苦奋斗、科学求实、迎难而上、无私奉献"的焦裕禄精神。

2014年，在党的群众路线教育实践活动中，习近平总书记选择兰考作为联系点，叮嘱当地干部要切实关心贫困群众，带领群众艰苦奋斗，早日脱贫致富。

"改变兰考贫困的面貌，让百姓过上好日子。"兰考县委牢记总书记嘱托，把脱贫作为第一民生工程，提出了"三年脱贫，七年小康"的奋斗目标。兰考广大党员干部密切联系群众，深入调查研究，找到了制约经济发展的瓶颈，制定了切实可行的脱贫措施。在焦裕禄精神的鼓舞下，兰考人民团结奋斗，因地制宜，创造性地建立"公司+贫困户""经营大户+贫困户"等模式，发展温室大棚种植、畜牧业、民族乐器制作等产业，打赢了艰苦卓绝的脱贫攻坚战。2017年，兰考在河南省率先摘掉贫困县的帽子。2018年，兰考入选中国"幸福百县榜"。

（1）结合材料并运用唯物史观知识，说明在脱贫致富实践中兰考县委是如何贯彻群众路线的。

（2）弘扬焦裕禄精神对于打赢脱贫攻坚战具有重要意义，运用中华民族精神的知识并结合材料加以分析。

（3）班级学习园地"如何学习焦裕禄艰苦奋斗精神"栏目征稿，请列举两个写作要点。

【参考答案】

（1）群众路线是我们党的根本的领导方法和工作方法，一切为了群众，一切依靠群众，从群众中来，到群众中去。兰考县委心系群众，把扶贫脱贫作为第一民生工程；深入群众调查研究，从群众中获取智慧和办法；带领群众艰苦奋斗，充分发挥群众的积极性、主动性和创造性。

（2）民族精神是实现中华民族伟大复兴的强大精神动力。焦裕禄精神是中华民族精神的生动体现，为打赢脱贫攻坚战提供了强大的精神力量；弘扬焦裕禄精神，能够树牢以人民为中心的发展思想；凝聚民心，激励斗志；迎难而上，无私奉献，因地制宜，精准扶贫脱贫。

（3）志存高远，脚踏实地；不畏困难，顽强拼搏；勇于探索，创新创造。

脱贫攻坚，是实现第一个百年中国梦、全面建成小康社会的关键。党的十八大以来，以习近平同志为核心的党中央把脱贫攻坚工作纳入"五位一体"总体布局和"四个全面"战略布局，全面打响脱贫攻坚战。试题以河南省兰考县委继承弘扬焦裕禄精神，带领广大干部群众脱贫致富的先进事迹为背景材料，要求学生运用中华民族精神和唯物史观的知识，分析其做法、意义，一方面让学生认识到艰苦奋斗是我们党的优良传统，另一方面也使学生体会到虽然时代发生了深刻变化，但艰苦奋斗的精神仍然没有过时，弘扬艰苦奋斗精神具有重要的现实意义。试题第三问：班级学习园地"如何学习焦裕禄艰苦奋斗精神"栏目征稿，请列举两个写作要点。当学生回答这个问题的时候，不再是评论"别人"的事情，而是要设身处地说明"我们怎么办"，作答全过程体现了德育课程知行统一的原则。

认知活动是知、情、意等相互交织、协调发展的过程。高考试题通过精心选择内涵丰富的时代素材、设计学科任务，在读题、思考、答题的全过程中，引导学生培育和践行社会主义核心价值观，弘扬中华优秀传统文化、革命文化和社会主义先进文化，坚定理想信念，树立正确的历史观、民族观、国家观、文化观，坚定中国特色社会主义道路自信、理论自信、制度自信、文化自信。

关键问题6

立德树人：政治命题和教学的价值追求

习近平总书记在学校思想政治理论课教师座谈会上指出："思想政治理论课是落实立德树人根本任务的关键课程。青少年阶段是人生的'拔节孕穗期'，最需要精心引导和栽培。我们办中国特色社会主义教育，就是要理直气壮开好思政课，用新时代中国特色社会主义思想铸魂育人，引导学生增强中国特色社会主义道路自信、理论自信、制度自信、文化自信，厚植爱国主义情怀，把爱国情、强国志、报国行自觉融入到坚持和发展中国特色社会主义事业、建设社会主义现代化强国、实现中华民族伟大复兴的奋斗之中。"习近平总书记从党和国家事业发展的全局出发，深刻阐述了办好思政课的重大意义，深入分析了教师的关键作用，明确提出了推动思政课改革创新的重大要求，坚定了广大思政课教师把思政课办得越来越好的信心和决心，为我们推进思政课建设指明了前进方向、提供了重要依据。

高中思想政治以立德树人为根本任务，以培育社会主义核心价值观为根本目的，是帮助学生确立正确的政治方向、提高思想政治学科核心素养、增强社会理解和参与能力的综合性、活动型学科课程。

落实立德树人根本任务，培养有理想、有本领、有担当的中国公民是思想政治课的根本任务与价值追求。

一、落实新课标，讲好统编教材

《课程标准》是国家对基础教育课程的基本规范和质量要求，它是国家对学生在某一学段的某一学科或学习领域应该学习的基础知识和应该具备的素养所提出的基本要求，是一个面向全体学生的学业标准。《课程标准》是教材编写、教师教学、学生学习和考试命题的依据。要深入理解思想政治课程的课程性质、课程基本理念、学科核心素养、课程目标、课程内容，提升铸魂育人的实效。

教材是按照《课程标准》的要求编写的教学用书，是学生在学校获得系统知识、进行学习的主要材料。教师要在备课及教学的过程中深入研究教材的微言大义，吃透教材，站在教材编写者的高度，领会教材内容背后的深意，发挥好教材的育人价值。习近平总书记指出："坚定的理想信念，必须建立在对马克思主义的深刻理解之上，建立在对历史规律的深刻把握之上。"教师要讲授好马克思主义基本原理，特别是马克思主义理论中国化的最新理论成果，使学生理解马克思主义理论中国化就是马克思主义基本原理同中国具体实际相结合的过程，习近平新时代中国特色社会主义思想是马克思主义党建理论中国化的最新理论成果。教师要引导学生理解中国特色社会主义进入新时代的历史方位，了解新时代中国特色社会主义经济、政治、文化、社会、生态文明建设和党的建设进程，培育政治认同、科学精神、法治意识和公共参与等核心素养，逐步树立共产主义远大理想和中国特色社会主义共同理想，坚定中国特色社会主义道路自信、理论自信、制度自信、文化自信，基本形成正确的世界观、人生观、价值观。

坚持理论联系实际的原则开发教学资源。素材的选择与运用，既要贴近学生生活，又要反映当代社会进步的新发展和科技发展的新成果；既要有利于教师进行创造性的教学，又要有益于学生潜能的发挥，满足不同类型学生发展的需求。

教师要加强马克思主义基本理论学习。深入理解习近平新时代中国特色社会主义思想，丰厚学养，要能够以透彻的学理分析回应学生，以彻底的思想理论说服学生，以真理的强大力量引导学生。教师要用高尚的人格感染学生，用真理的力量感召学生，用深厚的理论功底赢得学生，自觉做为学为人的表率，做让学生喜爱的人。

二、打造培育学科核心素养的活动型学科课程

围绕议题，设计活动型学科课程的教学，是实施活动型学科课程的重要形式。确立适切的议题是议题式教学的关键之一。

议题应关注社会关切。议题可以是对来自学科关注的重点或热点问题等理论问题的探讨。例如，新课标提出的"怎样揭示人类社会发展的奥秘""怎么看待资本主义的兴衰""为什么要坚持'两个毫不动摇'""为什么中国共产党执政是历史和人民的选择""人的正确思想是从哪里来的"等议题，对这些议题的思考与探究，有助于引导学生着眼人类社会的发展历程，立足中国特色社会主义的伟大实践，身在校园，心怀天下。通过对议题的讨论与思辨，引导学生掌握马克思主义基本原理，特别是马克思主义中国化的最新理论成果，学会用马克思主义立场、观点、方法观察问题、分析问题、解决问题，真学、真懂、真用马克思主义，坚定"四个自信"，坚定理想信念，形成正确的世界观、人生观、价值观。

议题应聚焦学生发展。议题也可以从社会生活、问题情境或社会实践中凝练提取。鲜活的生活情境更易激发学生探究问题的兴趣，熟悉的话题更便于启发真实的学习发生。当然，设计议题，不能仅关注议题是否激发学生兴趣，更应该寓价值观引导于议题之中。议题要具有鲜明的价值导向，围绕议题开展学习，引领学生坚定正确的思想政治方向、坚定"四个自信"，

彰显独特的育人价值。

【议题】"如何让中华优秀传统文化'活'起来、传下去——从《国家宝藏》节目走红谈起"

教师以电视节目《国家宝藏》节目为话题设计问题情境。最初拟定议题"《国家宝藏》为什么走红"，几经修改后确定"如何让中国优秀传统文化'活'起来、传下去——从《国家宝藏》节目走红谈起"。根据议题，教师引导学生观看节目，讲述文物，挖掘文物与节目背后的"宝藏"。通过"重温文物交流感想""透视节目追本溯源""观点辨析共话传承""坚定自信薪火相传"四个活动，引导学生感受中华文化的源远流长和博大精深，感受中华民族精神的力量，明确传承中华文脉、弘扬民族精神的时代使命，进而增强文化自觉、坚定文化自信，积极承担建设文化强国、实现民族复兴的责任。议题来自学生喜爱的电视节目，拉近了学生与课本的距离。议题从"《国家宝藏》为什么走红"调整为"如何让中国优秀传统文化'活'起来、传下去——从《国家宝藏》节目走红谈起"，彰显议题鲜明的价值引领意义，明确了议题下的学习内容，也突出了活动的指向。

三、创设"好情境"，凸显价值引领

教师要为学生学习提供"好情境"，要引导学生关注时事政治，关注国家政治、经济、文化、社会、科技等领域社会进步发展的成就，培育家国情怀，引导学生将自身的发展与国家和民族的前途命运紧紧联系起来，激发学生的使命感并培养其担当意识；以优秀传统文化浸润人，引导学生提高人文素养、传承民族精神，树立民族自信心和自豪感；加强依法治国理念教育，引导学生树立宪法意识和法治观念；增强学生的社会责任感、创新精神和实践能力。

以必修2《经济与社会》第三课第一框《坚持新发展理念》教学设计为例进行分析。

《课程标准》内容要求：2.1阐释以人民为中心的发展思想和创新、协调、绿色、开放、共享的新发展理念，解释经济发展方式的转变和供给侧结构性改革，评析经济发展中践行社会责任的实例。

教学提示：以"为什么发展必须以人民为中心"为议题，探究坚持新发展理念、转变经济发展方式的意义。

教材内容分析：一是阐释创新、协调、绿色、开放、共享的新发展理念的内涵，二是阐述如何贯彻新发展理念。

情境设计：改革开放40多年来，中国防治荒漠化成效显著，荒漠化和沙化面积"双缩减"、荒漠化和沙化程度"双减轻"、沙区植被状况和固碳能力"双提高"、区域风蚀状况和风沙天气"双下降"，在这数十载的治沙过程中，中国书写了一个又一个的治沙传奇，其中有一个名字尤其闪亮——库布齐治沙。多次获得联合国点赞，库布齐治沙模式是"绿水青山就是金山银山"理念的经典样本，也为全球防治荒漠化提供了教科书式的样本。库布齐治沙是实现治沙又致富、增绿又增收的优秀案例，是对坚持以人民发展为中心，"绿水青山就是金山银山"最好的诠释。

真实的情境，一方面引导学生了解我国在荒漠化治理中取得的辉煌成就，以及对全球荒漠化治理贡献的"中国方案""中国经验"，引导学生在为祖国骄傲的同时生发出真实的认同感，激发出强烈的使命感和责任感；另一方面为学习创设了资源、为思考问题提供了空间，根据情境中的人与事，教师设计出系列问题，引导学生分析库布齐治沙过程中怎样坚持了新发展理念，贯彻了以人民为中心的发展思想。引导学生深入理解五大发展理念，从而在显性教育和隐性教育的统一中实践和实现思想政治课立德树人的使命。

思想政治学科的教学要坚持价值引领。一方面，注重从生活中选取典型事迹，感染触动学生；另一方面，聚焦国家大事、社会热点，引导学生运用所学知识理性分析社会现象，达到情感与理智的交融，坚定理想信念。思想政治学科的教学必须聚焦时代使命，提高学生政治素养。一是从历史到现实，引导学生正确认识世界和中国发展大势；二是从国际到国内，引导学生正确认识中国特色和国际比较；三是从社会到个人，引导学生正确认识时代责任和历史使命；四是从理想到实践，引导学生正确认识远大抱负和脚踏实地。

四、细化课程目标，有效落实育人目标

教学目标是具体教学活动所要达到的预期结果或标准，它是宏观层面的教育目标的学科化呈现，是中观层面的课程目标的微观、具体的表达。落实立德树人，教学目标与教育目标、课程目标在育人功能上具有天然的一致性。以育人为指针的教学目标，凸显思想政治学科课程性质，改善一些课堂存在的"重知识""轻育人"的问题。

《如何让中华优秀传统文化"活"起来、传下去——从〈国家宝藏〉节目走红谈起》一课教学目标的设定，应以引导学生坚定对优秀传统文化认同、坚定文化自信为目标，引导学生"政治认同"，坚定树立"四个自信"。当代中国的"政治认同"，就是对中国特色社会主义的道路自信、理论自信、制度自信和文化自信。基于这样的"政治认同"，可以确定如下教学目标：（1）通过对《国家宝藏》节目的评析，了解文物是传统文化的载体，体会文物蕴含的丰富的传统文化内容，感受中华文化的源远流长和博大精深，感受中华民族精神的力量鼓舞，坚定文化自信；（2）通过对"如何让优秀的传统文化绽放时代华彩"的观点辨析，形成对"人们心中优秀传统文化的文化基因积淀深厚、影响深远"的文化认同，明确传承中华文化、弘扬民族精神的时代使命，增强文化自觉。

本节课教学目标聚焦培育学生政治认同。教师从《国家宝藏》节目入手，引导学生认识文物、分析文物背后的文化，从而理解优秀传统文化的内涵及其对国家民族的重要影响，学生在理性认识和情感层面认同优秀传统文化，增强文化自信，从而培育政治认同。使得课程的育人目标和要求更加具体化、更加细化，聚焦人的发展，与教师每一个教学活动的联系更为紧密。

政治试题：关注现实，体现时代声音

近年来的高考试题与现代社会日益紧密联系，这种"新潮"试题的目的和作用是什么？依据又是什么？大家恐怕会有这样或那样的疑惑。我们这一讲就来谈谈这个话题。

新时代，新使命。高考的改革发展与国家的发展密不可分，今天的高考改革，在一定意义上决定着国家未来的人才战略储备。国家所处的历史方位决定高考改革的战略定位，使得高考具备了"立德树人、服务选才、引导教学"的新功能。换句话说，高考应该成为立德树人的一堂课、选拔人才的一把尺、引导教学的一面旗。面向新时代，高考政治试题必然结合自身学科特点，源于时代生活，体现时代特征，凸显时代功能。

一、透视时代大势——不畏浮云遮望眼

"势"者，规律和趋势也！生产关系一定要适合生产力状况的规律、上层建筑一定要适合经济基础状况的规律，是支配人类社会发展的普遍规律，决定了社会发展的总趋势。高考命题必然要引导学生透过现象看本质，感触时代跳跃的脉搏，把握时代发展的大势，培养学生学科核心素养，更好地发挥考试的育人功能。

【真题再现】2019年高考文综全国Ⅱ卷第18题

2018年11月，国家主席习近平在亚太经合组织工商领导人峰会上发表主旨演讲指出，无论是冷战、热战还是贸易战，都不会有真正赢家。这一论断反映我国主张

①处理国际事务必须符合世界多极化发展趋势

②国际组织在解决国际争端中必须维护国家主权

③国家间交往必须顺应世界和平与发展的历史潮流

④在相互依存的当今世界应该摒弃弱肉强食的思维

A. ①②   B. ①③   C. ②④   D. ③④

【答案】D

当今世界经济全球化高歌猛进，自由贸易大步流星，带来全球经济繁荣、财富激增、民众生活的普遍改善。然而，美国政府单方面挑起并不断升级中美经贸摩擦，给两国经贸关系和世界经济发展带来不利影响。围绕这场经贸争端的是是非非，人们听到了多种声音。例如，美方为单边主义、保护主义强词夺理；又如，美国的倒行逆施令一些人忧心忡忡，担心经济全球化可能走向终结。这道试题适时帮助学生拨云见日，引导学生对中美贸易摩擦进行理性思考，认识到经济全球化是人类社会发展的必由之路，各国日益形成利益共同体、命运共同体，是不以人的意志为转移的规律使然。人为设置壁垒切断各国的密切联系，违背社会规律和历史潮流，不符合各国人民的普遍愿望。在此背景下，继续倡导自由贸易和多边主义、深化团结合作、加强全球治理，具有极其重要的意义。

【真题再现】 2018年高考文综全国 I 卷第40（1）题

2018年是改革开放40周年。我国改革开始于农村，安徽省凤阳县小岗村是我国农村改革的主要发源地。我国农村改革始终是在党的领导下进行的。

材料一 1978年冬，小岗村的18户村民以"敢为天下先"的精神，在一纸大包干的"秘密契约"上按下鲜红的手印，拉开了中国农村改革的序幕。改革如同释放了魔力，次年，小岗村迎来大丰收，粮食总产达13.3万斤，一举结束20余年吃国家救济粮的历史，并首次归还国家贷款800元。进入新时代，小岗村大力推进土地"三权分置"改革，完成土地承包经营权确权登记颁证工作；成立集体资产股份合作社并发放股权证，实现了村民从"户户包田"到"人人持股"的转变。2017年，小岗村集体收入突破820万元，农民人均收入比2012年增长70%以上。

材料二 为发展农村生产力，满足广大农民摆脱贫困、过上富裕生活的期盼，党中央先后出台了一系列关于农业改革发展的文件，如1982年发布《全国农村工作会议纪要》，明确肯定"包干到户"等形式的责任制的社会主义性质；1991年颁发《中共中央关于进一步加强农业和农村工作的决定》，把以家庭联产承包经营为主的责任制和统分结合的双层经营体制确立为我国农村的一项基本经营制度；2016年制定《关于完善农村土地所有权承包权经营权分置办法的意见》，推进"三权分置"改革；2018年出台《中共中央国务院关于实施乡村振兴战略的意见》，指导农村改革发展不断深入。

小岗村的改革发展实践证明，唯改革才有出路，改革要常讲常新，运用生产力和生产关系的辩证关系原理加以说明。

【**参考答案**】生产力决定生产关系，生产关系反作用于生产力，适合生产力状况的生产关系推动生产力的发展，不适合生产力状况的生产关系阻碍生产力的发展。在社会主义社会，改革是解决生产力和生产关系矛盾、解放生产力的基本方式，是推动经济社会发展的强大动力。小岗村进行"大包干"改革、推进土地承包经营权确权和土地流转，发展集体股份经济，不断破除阻碍农业生产力发展的经济体制和经营机制弊端，极大地解放了生产力，促进了经济发展。

改革开放以来，不断打破束缚思想的桎梏、扫除阻碍发展的樊篱，我们成功开创了新的前进道路，取得了辉煌的成就。然而，改革是否已经完成？是否需要把改革引向深入？试题以我国改革开放40周年为背景，以党中央先后出台的指导农村改革发展的重要文件作为试题材料，引导学生登高望远，帮助学生正确认识社会发展的规律，更加深刻地认识到"行之力则知愈进，知之深则行愈达"，改革只有进行时，没有完成时，增强对中国发展道路的认同和自信。

二、聚焦时代精神——立德树人铸灵魂

"培养什么人、怎样培养人、为谁培养人"，是教育工作的根本性问题。为了解决这一根本性问题，就必须贯彻党的教育方针，落实立德树人的根本任务，用习近平新时代中国特色社会主义思想铸魂育人。因此，通过试题来引导学生思考、分析社会生活中的现实问题，从而增强政治认同，就成为高考试题所要担当的必然使命。

【真题再现】 2019年高考文综全国 I 卷第19题

2019年上映的国产电影《流浪地球》，立足于中华优秀传统文化，融入天下大同、和谐共生的价值理念，借鉴国外科幻电影元素，讲述了全球联合起来拯救地球的故事，获得海内外观众广泛好评，被称为"开启了中

国科幻电影元年"。从中获得的启示是

①中华优秀传统文化是支撑文化创新的强大基因

②植根于民族历史的文化就能引领世界文化的发展

③不同国家和民族的文化在交流、借鉴中融为一体

④中华文化在交流、借鉴和融合中能够更好地创新发展

A. ①② 　　B. ①④ 　　C. ②③ 　　D. ③④

【答案】B

　　"欲知大道，必先为史。灭人之国，必先去其史。"国家的强盛离不开文化的支撑。中华优秀传统文化是中华民族的重要文化软实力，为中华民族发展提供强大的精神力量；中华文化是中国特色社会主义的沃土，为其提供重要的思想来源。只有把中华优秀传统文化更好地融入中国特色社会主义建设中，才能造就实现中国梦的强大文化力量。试题引导学生深入思考传统文化的价值以及实现传统文化创造性转化、创新性发展的路径，增强民族认同和凝聚力，激发文化自觉和文化自信。

【真题再现】2018年高考文综全国Ⅱ卷第39题

　　党的十九大报告明确指出："坚持党对一切工作的领导。党政军民学，东西南北中，党是领导一切的。"

　　十九大修订的中国共产党章程规定："党必须保证国家的立法、司法、行政、监察机关，经济、文化组织和人民团体积极主动地、独立负责地、协调一致地工作。党必须加强对工会、共产主义青年团、妇女联合会等群团组织的领导,使它们保持和增强政治性、先进性、群众性,充分发挥作用。"

运用政治生活知识说明为什么要"坚持党对一切工作的领导"。

【参考答案】坚持党的领导是党的性质决定的，是中国社会历史发展的必然结果，是中国人民的正确选择。党具有与时俱进的执政能力，只有坚持党对一切工作的领导，才能保证将党的意志贯彻到国家政治生活和社会生活的各个领域。党的领导是中国特色社会主义最本质的特征，只有坚持党对一切工作的领导，才能坚持和发展中国特色社会主义，实现中华民族的伟大复兴。

试题以习近平新时代中国特色社会主义思想和新修订的党章中有关"党的领导是中国特色社会主义最本质的特征"的重大论断为材料，要求学生分析为什么要"坚持党对一切工作的领导"，引导学生领悟坚持党的领导的理论逻辑、历史逻辑、实践逻辑。2018年1月，习近平在学习贯彻党的十九大精神研讨班开班式上发表重要讲话强调：中国特色社会主义不是从天上掉下来的，而是在改革开放40年的伟大实践中得来的，是在中华人民共和国成立近70年的持续探索中得来的，是在我们党领导人民进行伟大社会革命97年的实践中得来的，是在近代以来中华民族由衰到盛170多年的历史进程中得来的，是对中华文明5000多年的传承发展中得来的，是党和人民历经千辛万苦、付出各种代价取得的宝贵成果。历史充分证明，没有中国共产党就没有中国特色社会主义，中国特色社会主义是在党的领导下开创和发展起来的，也只有在党的领导下才能继续推进。学生有了这种对时代大势的透视，才能全面理解"党政军民学，东西南北中，党是领导一切的"的必然性，深刻认识加强党的全面领导是新时代坚持和发展中国特色社会主义的根本保证。因此，试题时代感鲜明，让党的十九大精神落地生根、深入人心，充满信仰的力量。

三、担当时代使命——撸起袖子加油干

在党的十九大报告里，青年作为新时代的开拓者和祖国未来的接班人被赋予了新的责任与使命。民族复兴的使命要靠奋斗来实现，奋斗是青春最亮丽的底色，无奋斗不青春。注入拼搏的精神，坚定奋斗的脚步，是立德树人的重要环节，也是高考命题的历史使命。因此，高考试题通过对众多艰苦奋斗的集体或个人事迹的再现，激励学生做新时代的奋斗者。

【真题再现】2018年高考文综全国Ⅲ卷第40题

开国将军甘祖昌，参加过井冈山斗争、五次反"围剿"、长征、抗日战争、解放战争，荣获过八一勋章、独立自由勋章、解放勋章。

长征路上，甘祖昌和同村战友约好，革命成功后，一起回家搞建设，让乡亲们过上好日子；革命胜利后，曾经的誓言让他心中的乡愁越酿越浓。1957年8月，他主动辞去军队领导职务，秉持"共产党人不能享清福，要艰苦奋斗一辈子"的信念，举家回到家乡沿背村务农。他把70%的工资捐给了家乡的建设事业，有关部门按照规定要给他盖房配车，被他一一拒绝。他领着乡亲们修水利，建电站，架桥梁，绿化荒山，改造冬水田……一项项利民工程帮助村民摆脱贫穷、走向富裕。1986年，甘祖昌病逝，留给妻子和儿女的唯一遗产是三枚勋章。

将军农民的事迹被编入小学课本，教育了一代又一代人。习近平高度评价甘祖昌将军的艰苦奋斗精神，强调不仅我们这代人要传承，下一代也要弘扬，要一代一代传承下去。

（1）运用价值观的知识，说明甘祖昌的一生是如何体现不忘初心、一心为民的共产党员情怀的。

（2）新时代传承和弘扬艰苦奋斗精神对建设中国特色社会主义文化有什么意义？运用文化生活的知识加以分析。

（3）班级拟举办学习甘祖昌精神演讲会，请围绕"青春、奋斗"的主题列出演讲提纲的三个要点。

【参考答案】

（1）价值观是人生的重要导向，影响人们对事物的认识和评价，影响人们的行为选择，影响改造世界的活动。不忘初心，淡泊名利，始终坚守为人民谋幸福的信念；艰苦奋斗，无私奉献，为社会为人民贡献了毕生精力。

（2）艰苦奋斗精神是革命文化的精华，是建设中国特色社会主义文化的重要资源。新时代传承和弘扬艰苦奋斗精神，有利于坚定理想信念，牢记使命；有利于培育和践行社会主义核心价值观，培育中华民族精神，增强文化自信。

（3）志存高远，树立崇高理想；刻苦学习、勇于实践，增长本领；弘扬革命精神，在奋斗中释放青春激情；心系祖国，在奉献社会中实现青春理想。

没有广大人民特别是一代代青年前赴后继、艰苦卓绝的不懈奋斗，就没有中国特色社会主义新时代的今天，更不会有实现中华民族伟大复兴的明天。试题激励学生向甘祖昌学习，不忘初心，淡泊名利，坚守为人民谋幸福的信念；艰苦奋斗，无私奉献，为社会、为人民贡献青春和才华。同时，还引导学生认识到，艰苦奋斗是我们党的优良传统和宝贵精神财富，是克服困难、争取胜利的法宝。虽然时代发生了深刻变化，但艰苦奋斗的精神仍然没有过时，弘扬艰苦奋斗精神具有重要的现实意义。

古人言：察势者智，顺势者赢，驭势者独步天下。面对高考命题的时代性特征，我们必须深化思想政治课堂教学改革，与时代同步，发挥教学与高考的育人功能。那么，如何做到与时俱进，让政治课教学跟上时代的步伐，实现与高考方向的精准对接、和谐共振呢？我们将在下一讲继续探讨。

与时俱进：教学要跟上时代步伐

"也许你是一个能特别吸引学生注意力的优秀老师，也许你能把几十年的教学积累都倾注在学生身上，但是，有没有可能是在用陈旧的理念和价值取向把学生留在了上一个时代，甚至上上一个时代呢？"为了避免这样的窘境，我们需要与时俱进，实现政治课教学与高考方向的和谐共振。今天我们就来探讨这个话题。

科学是有规律可循的。很多学科都有自己特定的定理或定律，如数学的勾股定理、物理的引力定律、化学的化合与分解，等等。从一定意义上说，政治学科最可以确定的就是"不确定性"！政治学科要想真正保持学科魅力和吸引力，保证学科教育教学的信度和有效性，就要实现教学内容、情境和方法的与时俱进。

一、内容要与时俱进

2017年教育部颁布了新的课程标准，2019年秋期开始使用高中思想政治统编教材。《课程标准》坚持反映时代要求，在继承中前行，在改革中完善，使课程体系充满活力。加强教材建设与管理是国家的事权，教材是国家意志的集中体现，寄托着国家对学生当下发展与未来发展方向、发展远景的期待。统编教材根据经济社会发展新变化、科学技术进步新成果，及时更新教学内容和话语体系，反映新时代中国特色社会主义理论和建设新成就。政治教师必须认真研究新教材，在教学实践中用好新教材。

首先，更新话语体系，强化价值引领，在学生心中埋下真善美的种子。教育的根本问题是"培养什么人、怎样培养人、为谁培养人"的问题。思想政治课根本意义在于引导学生确立正确的政治方向。青少年阶段是人生的"拔节孕穗期"，最需要精心引导和栽培。广大政治教师就是要理直气壮开好思想政治课，用新时代中国特色社会主义思想铸魂育人，引导学生增强中国特色社会主义道路自信、理论自信、制度自信、文化自信，厚植爱国主义情怀，把爱国情、强国志、报国行自觉融入坚持和发展中国特色社会主义事业、建设社会主义现代化强国、实现中华民族伟大复兴的奋斗之中。我们广大政治教师还要帮助学生在多元思想相互激荡、社会舆论纷繁复杂的环境里，廓清思想迷雾，校准价值航向，作出正确的判断与选择，实现人生的价值。

【议题】以"科学社会主义为什么科学"为议题，探究科学社会主义的基本原则

教师：讲述空想社会主义代表人物的故事，帮助学生理解空想社会主义的局限与产生的历史条件；讲述马克思、恩格斯从事科学研究和革命活动的故事，解释科学社会主义诞生的时代背景，明确唯物史观和剩余价值学说是科学社会主义的理论基石。

学生：朗读《共产党宣言》的名言名句，分享对科学社会主义理论的感悟，表达对共产主义社会的憧憬。

学生：查阅并交流十月革命的相关资料，讨论科学社会主义从理论到实践的发展。

"思想政治理论课是落实立德树人根本任务的关键课程。"政治学科的育人价值可从三个方面理解：一是工具层面——掌握思想政治学科的基本概念、观点、原理等；二是意义层面——关注学生的精神生活世界；三是

生命层面——培养学生的政治自觉、文化自信。上述课例，教师引导学生准确调用了必修1《中国特色社会主义》中关于社会主义从空想到科学、从理论到实践的理论资源，以问题为导向，引导学生自觉运用政治学科独具的发现的方法、思维策略和逻辑工具，开展丰富的精神和思维活动，并最终升华为一种理性的政治自觉与政治自信。唯有如此，政治教师才能完成从"教学者"向"育人者"的根本性转变。

其次，更新知识体系，重视学科整合，提高学生回应现实问题的能力。高中思想政治课程具有学科内容的综合性特征，学科涵盖的内容可谓包罗万象，如经济学、政治学、哲学、逻辑学、法律、伦理学……这些多维度的知识可以拓宽学生的文化视野，提高学生思想的高度、增强学生思维的深度、拓展学生思域的广度。2019年秋季开始使用的统编教材在上一版教材的基础上做了如下调整：

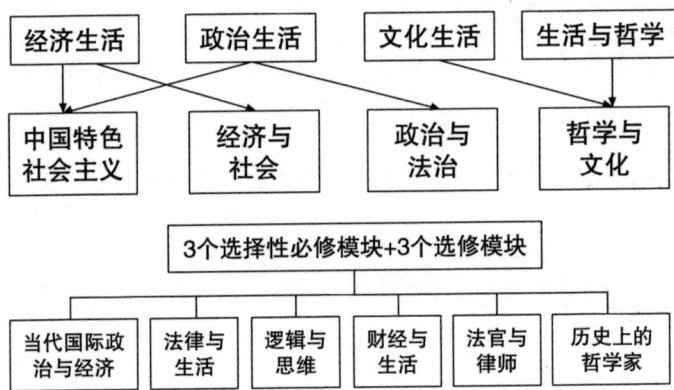

新旧教材之间的变化与联系

这种调整凸显了高中思想政治课独特的学科逻辑体系，凸显了高中思想政治课程的综合性特征。我们以必修模块为例，对这一特征予以说明。

必修四个模块以发展中国特色社会主义为主题，以"四个自信"为"四维"，以四个核心素养为"四梁"。其中，必修1采取历时性方式，讲为何开创和发展中国特色社会主义；必修2、3、4依托必修1的学习，采取共时性方式，讲如何坚持和发展中国特色社会主义。各必修模块内部也按一定的逻辑体系展开，例如必修3《政治与法治》以党的领导、人民当家作主、依法治国有机统一为主线，讲述党的领导是人民当家作主和依法治国的根本保证，人民当家作主是社会主义民主政治的本质特征，依法治国是党领导人民治理国家的基本方式，奠定学生政治立场与法治思维的基础。我们广大政治教师必须及时更新知识体系，引导学生做好知识整合，开展综合性的教学活动，提高学生回应现实问题的能力。

【示例】东北地区全方位振兴再起航

东北地区是我国重要的工业和农业基地，关乎国家发展大局。但近年来，在我国经济整体转型升级的大背景下，东北地区面临经济增长乏力、部分行业和企业生产经营困难等问题。

2018年9月，习近平总书记在东北三省考察，主持召开深入推进东北振兴座谈会并发表重要讲话，强调以新气象新担当新作为推进东北振兴，明确提出新时代东北振兴，是全面振兴、全方位振兴。2019年6月，李克强总理主持召开国务院振兴东北地区等老工业基地领导小组会议强调，更大力度推进改革开放，奋力实现东北全面振兴。

探究问题：查阅资料，分析当前制约东北振兴突出的问题是什么？如何全面振兴东北地区？

回答探究问题，学生需要综合运用《经济与社会》《政治与法治》《哲学与文化》等模块的知识，涉及政府与市场的关系、新发展理念、经济的转型与升级、政府职能的转变、文化的作用与影响、解放思想与观念的创新、人口的增长和迁移等一系列知识点，这是一个以高质量问题为载体，进行模块综合学习的典型案例。通过这样的教学，有利于打通同一模块内部、不同模块之间知识的界限，引导学生综合调用所学知识解决现实问题，使知识从"零散"走向"整合"，从"点状"走向"线、面状"，实现了学科知识的整合，培养学生的综合思维能力，提高了学生认识问题、分析问题、解决问题的能力，有效培育学科核心素养。

二、情境要与时俱进

对于"情境"一词，老师们并不陌生。《课程标准》正文中，"情境"一词出现了71次之多。课标对情境的高频率强调，是对近年来教学实践中情境教学的"扬弃"，实现情境教学的自我完善和自我发展。我们必须精选素材，优化情境，让政治课教学跟上时代的步伐。

首先，优化情境必须聚焦学科核心素养。《周易·系辞》有"圣人立象以尽意"的说法。就一定意义而言，情境即为象，是核心素养的载体之一；核心素养则为意，是情境的真正灵魂。

【示例】市民的意见，让规划变更好

新版北京城市总体规划的编制过程坚持"开门编规划"，通过各种渠道广泛征求市民的意见。2017年3月，总体规划（草案）在北京市规划展览馆进行为期30天的现场公示。在此期间，仅直接前往现场参观的团体就有193个，参观市民多达25849人次，其中年龄最大的87岁，年龄最小的5岁。市民通过现场留言、网络留言、发送邮件、信件等方式提出了11500余条意见，总计百万字左右。公众关注度较高的内容主要涉及人口、空间结构、公共服务、交通、市政、住房、生态环境、历史文化名城保护和京津冀协同等方面，与规划直接相关的有效意见有3600余条。

正所谓"此时无声胜有声""于无声处听惊雷"。这一教学情境立足真实的生活，引导学生触摸社会政治的脉搏，感受政府对人民负责的原则和为人民服务的宗旨，更加理解和支持政府的工作，从而有效激发学生的政治认同和公共参与素养。

其次，优化情境必须把握"三贴近"原则。也就是说，情境设置必须贴近学生、贴近实际、贴近生活，既能反映时代的变化和社会的进步，又要充分考虑学生的实际生活环境。

【示例】随着工业化、城镇化的快速发展，传统村落衰落、消失的现象时有发生。某中学以北京市门头沟区灵水村为重点，开展了"传统村落的保护与开发"研究性学习。通过文献查阅、实地查探、问卷调查和走访调查等方式，同学们发现：灵水村可供开发的文化资源有很多，如与自然和谐统一的村落布局、鲜明的北方明清民居特色、淳朴厚重的民俗文化等；同时也发现灵水村开发中还存在着资金不足、拆真建假、与其他传统村落的"同质化"、生态保护压力巨大等问题。

"问渠那得清如许？为有源头活水来。"课程标准指出，校外社会实践活动为教学提供了更广阔的空间、更丰富的资源、更真实的情境，是实施活动型学科课程的社会大课堂。上述情境的设置，既反映了时代对保护传统村落、留住美丽乡村的要求，又把学科内容的教学与社会实践活动有机结合起来，做到了贴近学生、贴近生活、贴近实际的统一，能有效引导学生开展对于传统村落的文化价值，以及保护和利用传统村落路径的探究。

三、方法要与时俱进

让政治课教学跟上时代的步伐，方法的变革势在必行。可以说，方法的与时俱进是与内容、情境并列的"大方法"。政治课教学方法与时俱进，从讲授型（一支粉笔一张嘴，一块黑板一本书）到探究讨论型（师设问题生来谈，学子生成胜师言），再到新课标提出的活动型学科课程，体现了政治课教学方式与学习方式的与时俱进。

【示例】"潮汐式"停车是否可行

问题背景：停车难是某小区居民头疼的问题，居委会积极采取应对措施。第一阶段，应部分居民要求，居委会将小区绿化用地改造为停车位，但遭到另一些居民的强烈反对。第二阶段，居委会计划引入外地的"潮汐式"停车经验，与附近不对外开放停车位的写字楼达成协议：夜间，小区居民可以在写字楼付费停车；白天，写字楼里的上班族可以在小区付费停车，利用"错时停车"共享车位，盘活闲置资源。但计划公布后，质疑也随之出现。

社会实践： 鉴于"潮汐式"停车方案涉及多元利益主体，居委会热情邀请某校高一年级的同学们，对这一问题开展社会实践和研究性学习。

1. 文献查阅：①相关报道，如其他地区的实践经验。②相关法律，如《中华人民共和国城市居民委员会组织法》《中华人民共和国物权法》。③研究成果，如相关论文。

2. 走访调查：居民、居委会、业委会、街道办事处、党员代表、志愿者代表、政府规划部门、社区民警、专家等。

3. 问卷调查：问卷设计略，下面是对问卷的数据分析：

"潮汐式"停车方案居民意见统计

调查对象	赞成		反对	
	比例	理由	比例	理由
有车居民	70%	缓解停车难	30%	夜间在写字楼停车需要付费
无车居民	40%	缓解小区道路拥堵	60%	存在安全、噪声等问题

课堂活动： 合作探究，撰写调查报告。对"潮汐式"停车方案的可行性进行论证；为进一步完善小区民主管理及"潮汐式"停车提出建议。

更多关于试题注重实践应用能力考查的内容
请扫码观看

这则案例带给我们许多启示。

首先，体现了学生学习方式的与时俱进。 这则案例中，教师是在用具有审辩性的议题引领学生学习思考活动的顺序和进程，学生对知识的生成（含证明）和运用都不是绝对的，而是在一定时空范畴内生成的。

　　其次，体现了教师呈现方式的与时俱进。这则案例中，教师并不是告诉学生"是什么"，也不是直接让学生去探究思考得出"是什么"，而是让学生从情境中提炼出"为什么"，进而在教师引导下去证明"是什么"，通过归因找到方法，做出正确选择，落实到"怎样做"。

　　通过学生学习方式和教师呈现方式的改进，课标倡导"围绕议题，设计活动型学科课程的教学""强化辨析，选择积极价值引领的学习路径""优化案例，采用情境创设的综合性教学形式""走出教室，迈入社会实践活动的大课堂"的要求落到实处。

　　实现教学内容、情境和方法的与时俱进，是让政治课教学跟上时代步伐的重要途径和必然选择。

关键问题9

政治试题：注重实践应用能力

理论联系实际，注重考查学生的实践应用能力，是高考命题改革的一个重点。但提到考查学生的实践应用能力，很多人首先会想到自然科学领域的学科，比如给学生提供一个物理、化学或生物实验的情境，考查学生的实验操作过程等。思想政治作为人文与社会领域的学科，是如何考查学生实践应用能力的呢？这一讲，我们就来谈谈这个话题。

要回答这个问题，首先应该弄清什么是考试评价所指的实践应用能力。从考试评价的角度来看，实践应用能力主要是指学生能够善于观察现象，能主动灵活地应用所学知识分析和解决实际问题，做到理论联系实际、学以致用。

考查学生实践应用能力的理论联系实际类题目背景需要满足三个条件：一是问题情境要贴近学生的现实生活，试题采用的生活、生产或社会背景，应当是学生熟悉的；二是问题设计要基于真实资料和相关数据，有可靠的出处或依据，不是根据原理推论编造的问题；三是问题解决的结果或结论有现实意义，要符合生活常识或有关社会和生产实际的常识。简言之，就是试题情境反映的是贴近社会生活和学生生活的真问题，学生运用所学解决问题的结果要符合生活逻辑，对生产生活具有真意义。

近年来，全国高考以及各省市的重大考试中，探索命制了不少考查学生实践应用能力的试题。这些试题从评价情境的角度，可划分为两大类：

第一类是呈现现实生活中的真实问题，让学生灵活运用所学知识做出综合分析，提出自己的解决方案。

【真题再现】2014年高考文综北京卷第38（2）题

拥挤的车厢、高额的补贴……在当前地铁供需条件下，票价的合理性成为关注的焦点。某校学生围绕"北京地铁票价涨不涨、怎么涨"开展研究性学习，在采访乘客的过程中，了解到如下一些看法。

乘客甲："两块钱票价真便宜，涨价就不那么挤了。不过我每次就坐两站，总不该和坐十几站的人花一样多的钱呀。"

乘客乙："我通常在高峰期挤地铁上班，真是人进去，相片出来啊。其实，非高峰期就没这么多人。"

乘客丙："地铁便捷、污染少，关系到老百姓的民生，不能只考虑经济因素。"

结合材料，你认为地铁票价应怎样调整？运用《经济生活》相关知识说明理由。

该题以"在当前供需条件下，地铁票如何合理定价"为情境，让学生就"地铁票价应怎样调整"提出自己的建议，并运用《经济生活》相关知识对自己的建议说明理由。回答这类试题，学生不可能从书本中找到现成答案，必须从问题出发，分析问题，发现问题的症结，思考问题的本质，通过融会贯通、重组整合已有知识，有针对性地提出解决问题的思路、措施或建议。

第二类是将真实开展的社会实践活动转化为试题评价情境，将学生带入实践过程中，根据问题指向，运用相关知识和可行方法，完成实践活动提出的具体任务。北京高考政治命题在这方面做了较多的尝试。

【真题再现】2015年高考文综北京卷第39题

某校开展"漫游北京"文化实践活动，围绕"灿烂文明""红色记忆""魅力创新"三大主题向同学们征集活动意向。请完成下表。

文化实践活动

　　主题：＿＿＿＿＿（从"灿烂文明""红色记忆""魅力创新"中任选其一）

　　地点：＿＿＿＿＿＿＿＿＿＿＿＿＿＿＿＿＿＿

　　（地点应与主题相符，可从以下地点中选择其一，也可另选其他）

　　备选地点：国家博物馆、元大都城垣遗址公园、长城、京西古道、焦庄户地道战遗址、鲁迅故居、中国科学技术馆、青龙桥人字铁路、798艺术区。

　　推荐词：（结合个人体验和《文化生活》知识，阐述推荐地点的文化价值。100字左右）

＿＿＿＿＿＿＿＿＿＿＿＿＿＿＿＿＿＿＿＿＿＿＿＿＿＿

　　2014年9月，北京市颁布《中小学培育和践行社会主义核心价值观实施意见》，中小学均将学生走进社会大课堂实践学习列入课时计划，时间不少于全部学时的10%。以此为背景，该试题将社会主义核心价值观、中华优秀传统文化、中华民族精神的教育和考查具化在"漫游北京"的文化实践活动情境中，让学生通过对"提供活动意向"的思考，重温自己参加过的文化实践活动，回顾不同文化场所的主题、内涵、特点及其带给自己的深刻感悟。

【真题再现】2016年高考文综北京卷第39题

某校开展"我为社区献一策"的社会实践活动，下面是一组同学撰写的调查报告。请在横线处按要求填写内容。

某小区"潮汐式"停车方案调查报告

一、调查背景

某小区建成于20世纪80年代，未规划停车位，且无专门物业公司管理。近年来，"停车难"成了小区居民头疼的问题。针对这一问题，居委会积极采取应对措施。第一阶段，应部分居民要求，居委会将小区绿化用地改造为停车位，但遭到另一些居民的强烈反对。第二阶段，居委会计划引入外地的"潮汐式"停车经验，与附近不对外开放停车位的写字楼达成协议：夜间，小区居民可以在写字楼付费停车；白天，写字楼里的上班族可以在小区付费停车，利用"错时停车"共享车位，盘活闲置资源。但这一计划公布后，担忧、质疑也随之出现。本调研小组受居委会邀请，对小区"潮汐式"停车方案展开调查。

二、调查过程

（1）文献查阅

① 相关报道，如其他地区的实践经验。

② _____。（填写一种其他类型的文献资料）

（2）访谈及问卷调查

访谈对象：居民、_____、_____。（填写其他两类访谈对象）

问卷调查结果：

"潮汐式"停车方案居民意见统计

调查对象	赞成		反对	
	比例	理由	比例	理由
有车居民	70%	缓解停车难	30%	夜间在写字楼停车需要付费
无车居民	40%	缓解小区道路拥堵	60%	存在安全、噪音等问题

三、结论及建议

（1）本报告对该社区居委会第一阶段做法的评价是：

_____

（2）鉴于"潮汐式"停车方案涉及多元利益主体，本报告认为需要进一步完善小区的民主管理，为此提出3条建议：

_____

政治教学应如何体现鲜明时代性的更多内容
请扫码观看

该题以某校开展"我为社区献一策"的社会实践活动为背景，创设撰写调查报告的试题评价情境，通过问题设计，引导学生经历和思考社会实践活动的实施过程，了解在社会调查实践中，如何查阅文献资料，即对研究问题有历史价值或参考价值的文字、图书资料；如何按照接近事实来源、具有一定权威性等原则确定访谈对象；要求学生在调查实践的基础上，对社区居委会第一阶段的做法进行评价，对进一步完善小区的民主管理提出建议。该题把社会实践活动具体转化为学科情境，设计出"辨析与评价""预测与选择"等类型的学科任务，实现了社会实践活动与学科理论、思维方法的有效对接。

该题坚持知行统一的原则，考查学生是否掌握参与社会实践的科学方法、对基层民主制度是否理解和认同、是否具有积极承担社会责任和行使公民政治权利的公共参与素养，以及能否创造性地运用所学知识解决实际问题，引导学生把对学科基本理论的理解从课堂内延伸到了课堂外。

这道以社会实践活动为背景命制的政治试题，能够引导学生在答题过程中把理论逻辑和生活逻辑统一起来，把所学的理论观点与自己的生活经验结合起来，把做题和做事融合起来。

一方面，要求学生站在学科的角度，用学科的基本理论和思维方法去思考现实问题，对试题背景和情境作出准确、科学的解读和阐释，明确居委会应对"停车难"的举措分为两个阶段，在第一阶段，居委会没有充分发扬民主协商的精神，只是应部分居民要求，将小区绿化用地改造为停车位，尽管其初衷是行利民之事，但结果不尽如人意，遭到另一些居民的强烈反对。因此，对居委会第一阶段做法的评价应坚持辩证的观点，既看到其积极解决"停车难"问题，发挥管理居民公共事务的作用，又看到其没有遵循民主程序、听取多方意见的事实和结果。

另一方面，要用做事的思维和方式思考解决试题呈现的具体问题，作出对现实生活有意义的解答，而不是机械地照搬和堆砌书本上的知识。对进一步完善小区的民主管理提出建议，要求学生必须基于"潮汐式"停车方案涉及多元利益主体的实际，自觉站在不同主体立场上，关照各方合理诉求，思考和提出建议。

这道试题在继续以实践活动作为载体的基础上，突破了"为试题披上一层实践外衣、只呈现活动形式"的做法，更注重考查学生参与社会实践的科学方法、创造性地解决社会实践中的问题，是对以往考查学生实践应用能力试题的继承、发展和创新，是对学生积极有序参与社会治理的公共参与素养的深入考查，对高中思想政治课教学以及社会实践活动的开展都具有非常好的导向作用。

学会做事：考查实践应用能力的意义

　　上一讲我们谈到理论联系实际，注重考查学生的实践应用能力，是高考命题改革的一个重点，并结合典型例题分析了高考政治试题考查学生实践应用能力的类型、特点和评价要求。这一讲我们将进一步探讨政治试题考查学生实践应用能力的意义和价值。

　　对考试命题及其意义，不能孤立地看待和评价。因为考试命题作为教育教学评价体系中的一环，是教育的重要组成部分，是评价教育教学质量、引导教育教学发展、为国家选拔人才的一种机制。随着时代的进步和教育的发展，命题的立意、价值和功能也会与时俱进。在当前国际、国内经济社会发展的背景下，考查学生实践应用能力的意义和价值，概括而言就是引导教学培养学生学会做事的能力，使学生能够综合运用学科观点和方法独立思考、分析问题和解决问题。

　　"学会做事"是国际21世纪教育委员会向联合国教科文组织提交的报告《教育——财富蕴藏其中》提出的，这份报告着眼于国际经济、政治、文化背景和21世纪的发展目标，从纷繁复杂的世界中提炼出未来社会的最基本要求，提出了"旨在促进人的发展"的教育，要求"围绕更加尊重自然和尊重人的新发展模式的思想"规划我们的教育事业。为了更好地促进人与社会的持续发展，教育必须围绕四种基本学习加以安排，亦即教育的四大支柱：学会认知、学会做事、学会共同生活和学会生存。

　　其中，学会做事（learning to do）就是要学会在一定环境中工作的能力，要求善于应付各种可能出现的情况。学会做事的能力，不仅要学会实际动手操作的技能，更重要的是要具备一种综合能力，包括如何处理人际关系的能力，社会行为、集体合作的态度，主观能动性，管理能力和解决矛盾的能力，以及敢于承担风险的精神。从考试评价的角度，考查学生做事的能力，主要是考查学生在面对复杂的现实生活情境时，能否进行审慎的思考和判断，能否创造性地整合已有知识、技能、理解、态度等，合理解决各种具有挑战性的任务。

当前，思想政治高考或学业水平考试之所以重视考查学生实践应用能力，让学生在做题中学会做事，是出于以下多方面的考虑。

一、符合人类认识发展的基本规律

辩证唯物主义认识论告诉我们，实践是认识的基础，实践是认识的唯一来源、是认识发展的动力、是认识的目的和检验认识真理性的唯一标准。人的认识是一个由实践到认识，再由认识到实践的不断深化的能动的发展过程。学生在教学中学到的知识属于间接经验，如果学生能够运用学到的学科知识指导生活、解决实际问题，才说明真正内化了所学，把知识转化成了自己的能力和素养。高考或学业水平考试考查实践应用和做事能力，就是引导学生学以致用，把理论和实际有机结合起来，把做题和做事统一起来，通过解决问题来深化所学、检验所学，促进学生认识的不断发展。

例如，通过学习马克思主义劳动价值论，学生知道"商品的价格由价值决定，受供求关系影响"这一经济学观点。高考政治试题创设出"在当前供需条件下，地铁票价的合理性"这一真实的评价情境，要求考生综合考量不同乘客的看法，就"地铁票价应怎样调整"提出可行建议，并运用所学经济知识说明理由。考生作答本题，仅靠照搬书本知识是远远不够的，必须具体考虑修建地铁的成本、地铁有别于普通商品的公共物品性、乘坐路程的长短、乘车时间是不是高峰时段等多种因素，这对考生深化理解知识、全面分析条件、综合应用知识等能力提出了较高的要求。

二、体现国家未来人才的培养方向

改革开放40多年来，中国经济已经由高速增长进入高质量发展阶段。高质量发展的供给侧要依靠创新驱动，而创新最重要的要素是具有实践能力和创造能力的人才。

顺应中国经济社会的发展以及对未来人才的需要，2014年国务院发布《关于深化考试招生制度改革的实施意见》，启动新一轮高考改革，明确要求"深化高考考试内容改革。依据高校人才选拔要求和国家课程标准，科学设计命题内容，增强基础性、综合性，着重考查学生独立思考和运用所学知识分析问题、解决问题的能力"。

《国家教育事业发展"十三五"规划》（2017）在"全面落实立德树人根本任务"中提出，践行知行合一，将实践教学作为深化教学改革的关键环节，丰富实践育人有效载体，广泛开展社会调查、生产劳动、志愿服务、公益活动、科技发明和勤工助学等社会实践活动，深化学生对书本知识的认识。

在2018年9月召开的全国教育大会上，习近平总书记重申了党在新时期的教育方针，在原有"德智体美"要求的基础上，增加了"劳"，更加全面地定义了新时代的教育方针与新时代社会主义事业建设者和接班人应有的基本素养。当然，学校教育情境中的"劳动"并不是一般意义上的体力劳动，而是强调学校教育不仅应当注重培养学生的劳动意识、劳动技能和崇尚劳动的价值观，更重要的是要借助学校教育引导学生将所学知识、技能主动应用于改善社会实践，能自主解决日常生活中面临的实际问题。

因此，高考等国家级重大考试注重考查学生的实践应用能力，是贯彻党和国家教育方针和政策、为国家培养具有实践能力和创造能力人才的价值追求。

三、是对课程基本理念的践行

《课程标准》在课程基本理念中明确指出："本课程力求构建学科逻辑与实践逻辑、理论知识与生活关切相结合的活动型学科课程。……本课程关注思想政治学科核心素养的培育，着眼于学生的真实生活和长远发展，使理论观点与生活经验有机结合，让学生在社会实践活动的历练中、在自主辨析的思考中感悟真理的力量，自觉践行社会主义核心价值观。……在课程实施中，要通过问题情境的创设和社会实践活动的参与，促进学生转变学习方式，在合作学习和探究学习的过程中，培养创新精神，提高实践能力。"

由此可见，高考等国家级重大考试注重考查学生的实践应用能力，是自觉践行课程理念的表现，同时让学生感受到学科知识不是僵死的教条，它能够指导生活实践，是人们成功解决实际问题的武器和工具，具有蓬勃的生机与活力。

四、是对学校改进教学的引导

在一次高考考后座谈会上，有些老师对考查学生实践应用类的试题提出质疑，理由是所在学校的学生大都是寄宿生，很少能走出校园，学生除了学习，几乎没有"生活"，考查生活实践的试题有些脱离学情。

这种意见一方面说明长期以来，在我国的基础教育领域，还存在着"只重视理论和知识学习，忽视对学生开展实践性教育"的问题；另一方面表明部分教师习惯于通过简单举例对教材文本进行解读，缺乏设计和实施实践应用型课堂教学的经验和能力。

实际上，高考命制实践应用类的试题，就是想发挥"指挥棒"的正导向作用，引导学校树立"实践育人"的教育理念，积极利用各地提供的实践教育资源，探索新课标倡导的基于生活的活动型学科课程设计，为学生提供"走进社会实践大课堂"的机会，为学生创设应用所学知识分析解决实际问题的学科任务，在日常教学中努力提高学生的实践能力、做事能力。

近年来，北京市在实践育人方面做出了许多有益探索。自2007年开启高中课程改革以来，北京市认真落实课程方案要求，将综合实践活动正式列为高中必修课；2008年8月，北京市中小学生社会大课堂建设计划正式启动，整合市内人文景观、爱国主义教育基地等社会单位，免费或优惠提供场所条件和合适的教育内容,供全市中小学生开展校外活动和社会实践；2014年9月起，根据北京市颁布的《中小学培育和践行社会主义核心价值观实施意见》，所有中小学均将学生走进社会大课堂实践学习列入课时计划，时间不少于全部学时的10%；从2015年起，北京初一新生的学习生活中增加了开放性科学实践活动。在实践中学习、在实践中感知、在实践中体会，正在成为北京市中小学生学习的重要方式。

2014年后，北京市高考政治广泛关注各校开展社会实践的生动案例，经过加工改造，将其转化成生动的试题评价情境，创设了丰富、灵活的学科任务和问题，较好地考查了学生的实践应用能力。例如，聚焦学生社团开展的校园创新实践活动，针对学生用手机软件辅助学习的普遍做法，引导学生通过创新实践，理性思考并设法解决学习中的"拖延症"问题；以"我为社区献一策"的社会实践活动为载体，采用调查报告的方式设计试题，引导学生运用科学的研究方法开展调查实践、撰写调查报告，增强政治参与意识和能力；以某校学生向有关部门提出建立"京津翼地区城乡中小学图书流动机制"的建议为情境，引导学生探索解决文化资源不平衡问题，积极参与公共事务，担当社会责任，等等。

这些试题对学校推进实践活动的开展发挥了积极的导向作用。许多学校积累了丰富的实践教育资源，系统开发了实践活动课程，形成了自己的实践教学特色，学生的综合能力和学科核心素养在实践活动中得到锻炼和提升。

在试题的导向下，如何改进教学、联通学习与实践、对接知识与生活、切实提高学生的实践应用和做事能力，我们将在下一讲中继续探讨。

学以致用：教学要联通学习与实践

高考等重大考试注重考查学生实践应用能力，目的是引导学生将做题与做事有机统一起来，综合运用学科观点和方法独立思考、分析问题和解决问题，这对思想政治教学有何启示？政治教师该如何改进教学、有效提高学生的实践应用能力？这是我们本讲重点探讨的问题。

一、遵循上位、综合的原则，科学确定教学目标

实践应用能力不等同于"动手"能力，它是个体在生活和工作中必不可少的、解决实际问题所显现的综合性能力，包括对复杂情境进行审慎的分析和判断，创造性地整合已有知识、技能、思想方法、态度、价值观等，合理解决各种具有挑战性的任务。实践应用能力的综合性的本质，决定了它的考查目标不是具体知识点的点点对应，而是站在上位目标层次，引导教学与核心素养的目标对接。因此，要想培养学生的实践应用能力，教学的目标必然会由具体、单一，走向上位、综合。

思想政治学科核心素养包括政治认同、科学精神、法治意识和公共参与等四个要素。思想政治课的课程目标，就是思想政治学科核心素养在学生身上的具体表现。比如，政治认同，其目标是培养政治立场坚定、国际视野广阔、掌握更多科学知识的中国人；科学精神，要求学生掌握马克思主义、辩证唯物主义、历史唯物主义的科学方法，能运用科学思维、遵循客观规律来分析问题和解决问题；法治意识，是让学生懂得用现代法律和价值观来规范社会秩序，是社会治理现代化的必要前提；公共参与，是让学生知道如何有序参与公共事务，成为具有担当精神的公民。

在教学设计中，教师应基于学科核心素养的课程目标，科学确定每一

堂课的教学目标，通过设计不同复杂程度的教学情境，引导学生运用学科知识和方法执行特定的学科任务，分析解决现实生活中的问题，在达成教学目标的过程中，提高学生的实践应用能力和学科素养水平。

二、打通课堂和生活，创设真实、复杂的教学情境

在教学中，不少老师都有这样的困惑：检查背诵或听写时，感觉学生知识掌握得挺好；针对某个理论举例说明时，学生也表示听懂了。怎么一到考试时，学生要么不会答，要么答不好，成绩总不见提高？之所以会有这样的困惑，是因为：考试有一条以生活和实践牵连的立意主线，试题通过创设情境呈现出一系列现实问题。题材范围广阔、灵活，需要学生用课堂内外的积累说话，靠能力解决问题，仅靠死记硬背和范例经验只能得到基本分。

这启示我们，教育、生活、社会是一体化的，课堂教学应该联通知识和生活、理论和实践，来培养学生学以致用的思维习惯。这需要我们在设计教学活动时，学会基于生活，创设真实、复杂的教学情境，将学科知识还原到生活之中，让学生在与具体情境的互动中、在分析和解决实际问题的过程中，理解学科知识，完善认知结构，掌握学科技能，端正价值取向，提升核心素养。

教学情境的真实性，是指情境源于现实生活，具有现实的基础与合理性；教学情境的复杂性，是指情境涉及的主体较多，主体之间的相互作用比较强烈，影响决策及其结果的因素较多，观点立场或价值观、利益多元，情境的价值、功能或作用比较丰富多样，等等。

创设真实、复杂的教学情境，首先要对社会生活情境进行结构化加工，根据具体的教学或评价目标与要求，剔除真实生活中无关紧要的甚至会阻碍学生认识情境本质的细枝末节，保留关键性的事实与特征。这既能保证教学情境源于生活，真实生动地反映社会现实，又解决了社会作为复杂事物，包含诸多矛盾，难以在有限时间内既让学生深刻认识又让学生有效解决的问题。比如，《政府：国家行政机关》的教学设计中，教师在深入研读课标和教材、对学生进行访谈、了解学生实际关切的基础上，最终确定将北京市疏解整治促提升专项行动中一个重点工程——位于本校旁边的某文化步行街的改造——作为教学资源，对照教学目标，将工程的愿景、内容及其影响进行整合加工，贯穿始终创设了教学情境。

其次，要对教学内容进行活动化处理，即立足学生生活，通过学习活动设计将学科内容的教学与社会实践活动、学生思维活动结合起来，将理论观点的阐述与学生生活经验结合起来，让学生置身于丰富的活动情境中，经历分析、解决问题的过程，提升能力和素养。在《政府：国家行政机关》的教学设计中，教师将教学内容嵌入到文化街改造的生活场景中，坚持理论逻辑与生活逻辑相统一，设置了"调查访谈、合作探究、观点辨析、角色体验、建言献策"等活动情境，引导学生在活动中思考、感悟、辨识、提升，使课堂教学源于生活又高于生活，基于教材又不拘泥于教材。

在本课教学中，通过创设真实、复杂的教学情境，学生从中获得的不是习得但不会应用的"惰性知识"，而是政府如何在现实的社会生活中履行职能、发挥作用；面对利益主体的多元化、利益诉求的多样化，政府如何把惠民实事办成群众满意的好事的行政智慧；公民如何通过对话协商、沟通合作，合理表达诉求，与政府实现良性互动的能力，等等。这些收获经过积淀，会真正转变为学生分析、解决问题的能力和素养，使学生终身受益。

三、多问几个"怎么办"，设计实践应用型教学问题

荀子说："知之不若行之。学至于行之而止矣。行之，明也。"学习的最终目的是实践，是运用所学解决现实问题，改造客观世界，造福人类。理论联系实际是学习理解的基本规律，采用理论联系实际的问题考查学生，是测量知识能力水平的最好方式。

这启示我们，在教学过程中，不仅要基于生活创设真实复杂的教学情境，还要基于情境设计出高质量的实践应用型的学科任务和问题，多向学生问几个"怎么办"。思想政治学科旨在提升公民的社会生活参与能力，引领正确政治方向。本学科确定的基本学科任务类型包括描述与分类、解释与论证、预测与选择、辨析与评价。

其中，预测与选择是指结合具体的社会生活情境，运用科学的方法和原理对行为、问题的结果或影响进行分析与预测；根据约束条件和决策目标设计出合理可行的方案；比较不同方案的优劣利弊并作出合理选择。它回答"怎样做"的问题。辨析与评价是指结合具体的社会生活情境，根据某个维度对事物的作用、价值与功能进行分析和评价，辨识事物之间的关系；合理运用相关理论和方法，对不同观点与立场、不同利益诉求进行辨析、辩护与辩驳。它回答"应该怎样做"的问题。这两类问题在高考和重大考试中高频出现，如"运用文化生活的知识，说明我国杂交水稻研发推广是如何增强我们的文化自信的""运用《生活与哲学》相关知识，谈谈怎样

绘就我们五彩缤纷的未来北京""请就新时代青年学生如何发扬小岗村'敢为天下先'的创新精神提出三条建议""对该社区居委会第一阶段做法的评价是"，等等。在教学中，我们也要多设计这类问题，引导学生学以致用，提高实践应用能力。

四、处理好"理""例"关系，反思并优化教学过程

说到理论联系实际，政治教师都会想到"理论+例子"，因为讲理和举例是思想政治课教学的两个基本要素。调研发现，无论在备课时寻找事例，还是在课堂上列举事例和讲解事例，教师们都投入了大量时间和精力。但为什么教师讲解了大量事例，学生在考试中分析解决问题的实践应用能力还是不尽如人意？问题的症结就在于我们对理论如何联系实际、"理"与"例"怎样结合，还缺乏深入的反思和研究。

在政治课教学中，讲理是课程实施的主要方向和基本要求，举例则是帮助学生理解所学理论的必经途径和教学手段，也是教师为学生示范分析社会生活和自身成长面临问题的基本载体。从一定意义上说，举例是为了讲理，目的在于提升学生的理论思维水平，这是课程的基本内容和目标；讲理是为了帮助学生提高观察问题、分析问题和解决问题的能力，这也是课程设计的基本要求。

真正做到理论联系实际，我们既不能脱离事例空谈理论，把理论讲授变成单纯说理，然后背诵记忆；也不能大量引入事例，淡化对事例的分析论证过程，简单机械地给事例贴上理论的标签。我们必须要关注教学过程，注重充分展示事例的具体内容以及其中包含的矛盾和问题，带领学生深入

剖析事例、探索解决矛盾和问题的方法，亲历解决矛盾和问题的过程，归纳提炼事例和上述过程中蕴含的学科知识、道理和思想方法。这不仅能帮助学生深入理解所学知识和理论，还能通过典型事例增强理论的说服力，通过事例分析为学生作出解决问题、指导应用的示范，真正培养学生分析和解决问题的能力。

总之，在思想政治课教学中，"例"为"理"之凭，"理"为"例"之藉，"例"为"理"之用，"理"为"例"之体。只有真正着眼于学生的真实生活和长远发展，将理论观点与生活经验结合起来，将生活逻辑和理论逻辑结合起来，教会学生依托学科理论回答现实生活中的问题，让学生在解决问题的实践应用中感悟理论的价值，才能真正实现理论联系实际，学生的能力和素养才能得到切实提升。

精心设计：有效发掘培养实践应用能力的课程资源

此前，我们探讨了思想政治学科对考查学生实践应用能力进行的探索，并通过典型例题，呈现了考查学生实践应用能力的两类题型，其中一类是将真实开展的社会实践活动转化为试题评价情境，让学生在社会实践活动情境中执行特定学科任务，表现出不同的能力水平。这类试题既是对思想政治教学有效开展社会实践活动的引导，同时也是贯彻落实《课程标准》教学和评价要求的体现。

《课程标准》从课程性质角度强调：本课程力求构建学科逻辑与实践逻辑、理论知识与生活关切相结合的活动型学科课程。从教学建议角度明确提出"走出教室，迈入社会实践活动的大课堂。学科内容的教学与社会实践活动相结合，是活动型学科课程的显著特点。社会实践活动包括志愿服务、社会调查、专题访谈、参观访问，以及各种职业体验等。校外社会实践活动为教学提供了更广阔的空间、更丰富的资源、更真实的情境，是实施活动型学科课程的社会大课堂。开展社会实践活动，要从学生的成长需要出发，注重通过乡土资源的开发与利用，丰富教学内容，加深学生对社会的认识与理解"。

理论联系实际的教学，需要丰富的课程资源。而社会实践活动本身就蕴含丰富的课程资源，我们要做有心人，留心发现、认真梳理这些资源，善于利用实践活动资源搞好政治课教学。

首先，我们来梳理学科主要开展的社会实践活动。

从活动类型看，根据《课程标准》中的教学提示以及学校开展的社会实践活动，主要包括以下几类：

参观类实践活动——指针对某一特殊环境或事件组织学生做实地的考察和了解，使学生零距离接触教育对象，增加对教育对象的感性认识。如组织学生到国家博物馆参观"伟大的变革——庆祝改革开放40周年大型展览"，让学生更加深刻全面地了解改革开放以来我国各领域取得的巨大成就，深入学习领会习近平新时代中国特色社会主义思想，培养学生的爱国主义精神，等等。

访谈类实践活动——指以口头形式，根据被询问者的答复搜集客观的、不带偏见的事实材料，以准确地说明样本所要代表的总体的一种方式。如学生对在本校工作的区人大代表、政协委员就某一关心的问题进行访谈，了解人大代表、政协委员的产生过程，评析人大代表、政协委员的活动方式和主要职责，探究人民代表大会、政协的性质、体系、职权或职能，感悟人民代表大会制度、中国共产党领导的多党合作和政治协商制度是中国人民当家作主的政治制度等。

调查类实践活动——指通过各种途径和方法，有计划、有目的地了解事情的真实情况，帮助学生在短时间内调查多个对象，获取大量第一手鲜活生动的研究资料。如组织学生对学校周边拥堵情况进行调查，使学生认识到社会问题的复杂性，理解政府的决策、居委会的职责，树立公民意识，积极参与社会治理并为解决相关问题建言献策等。

模拟类实践活动——指组织学生在以真实情景为原型的人为情境中学习操作的活动形式，能帮助学生还原和走进真实的生活场景，模拟场景中的人物活动和事件经过，站在特定主体的角度和立场上，运用学科知识和观点观察和发现问题、分析和判断问题、提出和解决问题。如模拟决策听证会，加深学生对公民政治权利与义务的认识，提高学生的公民责任感、家国意识和有序政治参与的能力等。

游学类实践活动——指学生离开自己熟悉的环境，到另一个全新的环境里进行学习和游览，潜移默化地体验人生、增长学识。如组织学生赴山东、陕西等地游学，使学生了解不同地域在传统习俗、建筑、文艺、思想方面的传统文化特色，感受中华文化的源远流长、博大精深，增强学生的文化自信和文化认同等。

论坛类实践活动——指规格较高、有长期主办组织、多次召开的研讨会议，让学生围绕社会热点和自己关注的话题进行研讨。如围绕走进"两会"、党的十九大会议、纪念马克思诞辰200周年、《共产党宣言》发表170周年等举办论坛，通过学生自主学习，收集资料，合作探究，发表与主题相关的见解，树立对中国特色社会主义理论、道路、制度和文化的自信。

从活动场域看，我们既要充分发掘和利用社会大课堂的课程资源，又要根据学情、校情开展校本实践活动，为学生体验、感悟、理解、应用知识，提升实践能力搭建平台，力争形成实践主题下的把国家课程校本化和校本特色课程有机结合的政治学科课程体系。例如，《中国共产党：不忘初心 永葆本色》的教学中，教师就设计了"访谈本校党员教师，分享党员教师的优秀事迹，感受共产党员的先锋模范作用""调查学校党总支对全体党员开展的各项教育活动、加强基层党组织建设的情况，感悟中国共产党勇于自我革命的精神，了解全面从严治党的措施及成效"等校本社会实践活动，拉近了教学内容与学生的距离，增强了学生对拥护和坚持党的领导的政治认同。

其次，我们分析如何基于社会实践活动搞好政治课教学。

一、活动主题具体明确，宏观立意微观切入

政治教学的内容政策性、理论性强，意识形态色彩浓厚，学生理解接受有一定难度，如果社会实践活动的主题过于宏大，就会给学生造成空泛缥缈、无从着手的感觉。因此，社会实践活动可以立意宏大、目标高远，但活动主题应从小切口入手，可以围绕一个核心概念，也可以关注一个具体问题，通过深入细致的活动，渗透学科核心素养的培养。

例如，为培育学生公共参与素养，教师聚焦学校周边停车难、乱停车的问题，以"如何营造良好的周边交通环境"为议题，组织学生开展调研、访谈活动，指导学生运用所学知识，明确与解决实际问题密切相关的利益主体及其职责，在实践中探究各个主体如何协同配合，处理好权利与义务的关系，有序、理性地解决现实生活中的问题。

二、精心设计活动任务，激发学生主动参与

"凡事预则立，不预则废。"在实践活动实施之前，教师要设计好整个活动的方案，以"任务单"的方式对某一主题实践活动的目标、内容、方式、步骤、教师的指导重点、活动实施的要点以及评价建议等进行精心预设，形成一个具体的实践活动实施总方案。

任务单的设计实质上是对某一个主题实践活动进行开发的过程，需要教师搜集、整理、学习和掌握大量与主题相关的知识和信息，并根据自己对学生成长需求的了解、对主题和课程的理解进行科学预设，增强实践活

动的目的性，激发学生参与活动的积极性，提高教师指导活动的计划性和针对性，切实发挥实践活动提升学生能力和素养的作用。

三、推动课堂联通实践，实现知识对接生活

在教学中，立足学生的生活经验和社会关切，力所能及地引导和组织学生开展社会实践活动，从社会生活中开发整合课程资源，能够充实活化教学内容，真正实现学科知识与生活现象、理论逻辑与生活逻辑的有机统一，让学科知识在生活实践中彰显蓬勃的生机与活力。

当然，实践活动的形式灵活多样，具体采取哪种形式，应该坚持自主性与可行性相结合的原则，既要尊重学生兴趣与关切，又要符合学科教学的实际需要，还要考虑客观学习条件的限制。例如，教师在开展有关政府的教学前，以"我与政府"为主题，布置了从生活中寻找"我与政府的关系"的实践活动，学生自主选择喜欢的方式，通过社会观察、访谈家长、调研城市开展的一项工作或活动等多种方式，获得了有关政府的丰富的认识，掌握了大量可靠、生动的感性材料，为课堂教学的开展打下了良好的基础。

四、科学搭建"三条线索"，确立清晰的教学主线

在高中阶段，课堂仍是学生学习的主要场域，也是政治教学的主要阵地。因此，在开展社会实践活动后，需要我们进一步组织课堂反思活动，帮助学生对实践活动的成果进行总结、反思和提升，引导学生进一步深化认识，收获理性成果。

　　如何把复杂、生动的社会实践活动与理性的课堂教学有效联结起来？教师们可以通过设计"活动线—知识线—思维线"这三条线索，确立清晰的教学主线，来推动学生的有效学习。首先，按照"发现问题—探究问题—解决问题"的逻辑思路，对复杂的实践活动进行梳理，将社会实践活动资源转变为教学活动的环节，确立教学"活动线"。其次，引导学生在"发现问题"过程中理解学科的基本概念与观点，在"探究问题"过程中，开展对学科知识的深度分析和研究，在"解决问题"过程中，自觉运用学科基本思想和方法，实现对学科知识的提取和应用，基于问题解决整合梳理出"知识线"。最后，在教学过程中遵循人的认识规律，尊重学生思考的独立性、批判性和创造性，搭建"思维线"。即通过个人或小组展示，展现学生思维的独立性；通过设计探究性和思辨性问题，提升学生思维的深刻性和批判性；通过提出解决问题的可行建议或方案，培养学生思维的创造性。在课堂教学中，用内在的"思维线"，联结外在的"活动线"与"知识线"，可以促进学生认知的拓展和深化。

　　组织学生开展社会实践活动，需要我们付出更多的精力和时间，但我们仍要积极践行和探索。因为，局限于课本的教学看上去缩短了知识形成过程，但被压缩掉的往往是学生最宝贵的思维方法。为了有效提高学生的实践应用能力，让学生真正学会做事，我们应该带领学生走出课堂，到实践中去解决一些典型的实际问题。

政治试题：由"封闭"走向"开放"

近年来，随着高考命题改革的深入，政治试题特别是主观题呈现出开放性的特点，而且这种特点有越来越鲜明的趋势。受诸多因素制约，许多老师没能及时、准确地把握高考命题改革关于"试题具有开放性，引导教学走向开放的思维"的新理念，在教学实践中常常感到无所适从。到底什么是开放性试题？它具有哪些特点？这一讲，我们就来谈谈这个话题。

开放性试题是与封闭性试题相对而言的。从构成要素看，试题由情境（试题的背景条件）、设问（思维的途径和指向）、结论（对问题的分析或解决）三部分组成。封闭性试题的特点一般表现为条件完备、途径单一、结论明确，比较适合考查学生精准运用知识，对确定问题进行精致加工的能力；而开放性试题的特点一般表现为条件的不确定性、求解途径的多元性、结论的不唯一性，给考生提供了调用更多知识储备、综合探究现实问题、实现情感价值升华、彰显个体创新素质的可能。

开放性的试题更符合社会和时代发展的需要。它在形式上不拘泥于题型的某种固定程式，但却关注学生的认识过程、思想方法和思考的深度，重在理解、强调、阐释，以引导教学培养创新精神、创新能力为主旨。《课程标准》也提出，根据思想政治学科核心素养评价的特点，应该有相当数量的开放性试题。可见，开放性试题是一种专注于学科核心素养，通过开放性的情境设置和开放性的设问，达成"求同"与"存异"相结合的开放性结论，充分体现由知识立意、能力立意向素养立意变革的命题形式转变。

特点之一：情境开放

命题所需要筛选的典型情境，要具有鲜明的开放性。从内容上来看，往往大量选取鲜活的社会生活材料，既有党和政府在现阶段的大政方针及其演变，又有国内外经济、政治、文化、社会、生态、科技、人文等领域出现的新动态、新成就、新矛盾；从特点上来看，往往是带有典型性、普遍性的问题和挑战。一般来说，情境涉及的行为主体越多，主体之间的相互作用甚至相互冲突越强烈，情境的不确定性就越大，情境所蕴含的价值、功能、作用就越丰富。所以，高考试题通过情境的开放性，直面热点话题，不回避争议性话题，考查学生运用本学科的思维方式观察、分析和解决来自真实生活中问题的能力，评估学生政治认同、科学精神、法治意识、公共参与的核心素养。

【真题再现】 2017年高考文综北京卷第38（1）题

2017年5月17日，中共北京市委十一届十四次全会召开，一致同意将《北京城市总体规划（2016年–2030年）（送审稿）》（以下简称《总体规划》）按程序上报党中央、国务院审定。在《总体规划》编制过程中，市委市政府共开展了38项重点专题研究，召开了40余次专家研讨会，并通过网络留言、邮件、信件、现场留言等方式征集公众意见，共吸纳了5200余条意见建议。下面是部分市民的留言：

春光灿烂：今天参观了规划展览，心情很激动，相信北京会越来越好！

我爱北京：我设计了一款手机软件，请大家标出你家附近的积水情况，上传给政府网站，可以为政府提供参考信息，共建规划中的"海绵城市"。

清风送爽：规划里还有个"城市体检"，你这款软件还可以用来监督市政排水设施维护状况。

见贤思齐：规划里也提到了绿色出行，我关心政府未来有什么具体措施。

五月和弦：社区服务、留白增绿、历史文化名城保护……规划中涉及这么多市民关心的问题，方方面面都要考虑到，还要加以解决，真心不容易，大家群策群力吧！

南城笑笑：要是我们的建议能得到政府的及时反馈，就更好了！

某高中生根据上述材料，拟撰写一篇论文。请运用《政治生活》相关知识，帮他完成论文提纲及要点。

城市规划过程中的公民参与与政府回应

一、城市规划过程中公民参与的主要特点

　　1. 公民参与意识日益增强

　　2. ＿＿＿＿＿＿＿＿①＿＿＿＿＿＿＿＿

二、城市规划过程中政府对公民参与的回应

　　1. 回应的主要形式：政府对公民意见建议的吸纳、反馈

　　2. 回应的意义：＿＿＿＿＿②＿＿＿＿＿

三、政府多措并举，解决公民关心的问题

　　1. 问题：＿＿＿＿＿③＿＿＿＿＿

　　（要求：在市民留言中，选取一个与城市规划相关的问题）

　　2. 措施：＿＿＿＿＿④＿＿＿＿＿

　　（要求：针对选取的问题作答）

这道试题的情境源于生活、富有情趣、形式活泼、内涵深刻。其中，有两个特点格外引人注目。

一是试题属于典型的"结构不良问题"。这并不是说本题的情境本身

有什么错误，而是指它用于解决问题的情境或解决问题所需的概念、原理等都是不确定的。在本题的情境中出现了六个主体，即党中央、国务院、北京市委、市政府、专家、公众，学生作答时需要深刻理解不同主体在北京城市建设中的特殊定位。因此，按照构建主义的理论，和"结构良好问题"相比，该题的情境设置更加强调提高学生综合运用知识解决实际问题的能力，更加注重考查学生的核心素养。

二是对情境的使用方面，这道试题给学生更多自由选择的空间。让学生在市民留言中，选取一个与城市规划相关的问题，并提出相应措施。学生选取的问题不同，所对应的措施当然不同。这体现了基于不同经验、不同视角的探究价值，有效激发学生的思维兴趣，既考查了学生的价值判断和价值取向，又考查了学生多角度、多侧面分析问题的思维品质和思维能力。

特点之二：设问开放

之所以说新课改背景下，中高考试题的设问具有鲜明的开放性，是因为这些设问是可质疑探讨、可举证例证的。命题者用具有开放性的设问联结试题情境、教材知识和学生的知识储备，极大地提高了试题蕴含的思维含量、拓展了学生探究的思维疆域。新课标将政治学科任务类型归纳为描述与分类、解释与论证、预测与选择、辨析与评价，为达此考核目标，试题往往通过多角度和开放性的设问，引导考生从多维度思考问题，运用学科方法深入探究问题，从而为其展现解决问题的思维过程、思维品质和思维成果提供必要空间，有效区分不同层次水平的考生。综观近年来的高考试题，其设问的开放性具体表现为：

一是立场观点的可选性。例如，2013年高考文综全国Ⅰ卷第39（1）题：你是赞成还是反对《现代汉语词典》收录西文字母词？请用文化生活有关知识阐明理由。又如，2015年高考文综北京卷第38（1）题：在互联网时代，"我们通过连接把自己变成了一种新的更强大的物种"。你是否赞同这一观点？并用所学的哲学原理说明理由。这样的设问着眼于学生思想的独立性、选择性、差异性，引导他们理性地面对不同观点，在价值冲突中深化理解，在比较鉴别中提高认识；这样的设问既关注过程又不忽略结论，恰当处理了导向性与开放性的关系。

二是思维方式的可选性。例如，2016年高考文综北京卷第38（3）题：阅读上述材料，围绕"科技与人的关系"这一主题，自选角度，自拟题目，运用《生活与哲学》相关知识，写一篇200～300字的短文。要求：观点鲜明；可以全面论述，也可以就某一点深入分析；知识运用准确、贴切；论述合乎逻辑，条理清晰。学生作答时，可以分析与演绎，也可以综合与归纳，可以聚合思维也可以发散思维。真可谓海阔凭鱼跃，天高任鸟飞！

三是知识范围的可选性。例如，2018年高考文综北京卷第38（3）题：结合材料，说明在推进国家治理体系和治理能力现代化进程中，政府应该如何作为？尽管这个设问不难看出指向了《政治生活》模块，但和过去明确告知学生要调用哪个模块知识作答的方式相比，其有意模糊了模块指向的特点还是值得注意的。值得注意的是，近年来全国各地的会考、学业水平合格考和高考中，"调用知识范围可选"的试题越来越多，成为命题改革的亮点之一。

【真题再现】2016年春季北京市高中会考第32题

中国从制造大国向制造强国挺进，需要借鉴世界先进技术，制造业领先的德国经济发展需要搭上中国高速发展的列车。2014年中国总理出访德国期间，将三名天津中德职业技术学院的学生特意用德国机床制作的"鲁班锁"送给德国总理。

"鲁班锁"的构造源于中国古建中的榫卯结构，凹者为卯，凸者为榫，一凹一凸，一卯一榫，相互密合，严丝合缝，"你中有我，我中有你"。

运用所学知识，分析将"鲁班锁"作为礼物送给德国总理的寓意。

这道试题并没有指定模块，而是由学生自主选择感兴趣的模块、从不同的角度作答。要求学生根据材料信息，运用所学知识，推测并分析礼物的寓意。从经济的角度：可从经济全球化、创新驱动发展、国际竞争与合作等角度思考；从政治的角度：可从国家间的共同利益、友好交往、合作共赢等角度思考；从文化的角度：可从文化交流与传播、中国传统文化等角度思考；从哲学的角度：可从联系的观点、对立统一的观点等角度思考。这就要求学生从知识内涵的思维和智慧的角度深度理解知识，这样在考试中才能围绕设问找到生活逻辑和理论逻辑的结合点，完成相应的学科任务。

【真题再现】2019年高考文综北京卷第38（3）题

"歌以咏志"，歌声承载着历史，歌声礼赞着时代，歌声放飞着梦想……70年长歌未央。《我为祖国献石油》唱出了石油工人投身祖国建设的豪迈，《在希望的田野上》反映了改革初期农民心底的喜悦，《幸福在哪里》激发了人们对未来的无限憧憬，《春天的故事》唱响了神州大地荡起的滚滚春潮，《不忘初心》情深意长、催人奋进……在共和国成立70周年之际，"我和我的祖国，一刻也不能分割"更是响彻了大江南北。

结合材料，综合运用哲学与文化相关知识，谈谈你对"歌以咏志"的理解。

这道试题尽管指定了哲学与文化模块，但要求综合运用哲学与文化相关知识谈谈对"歌以咏志"的理解。分析这一问题时，可以从社会存在与社会意识（哲学）、文化的作用（文化）等角度回答。这就对学生综合运用所学的核心主干知识来分析问题、解决问题，以及思维的辩证性、逻辑性、深刻性提出了更高的要求。这样的试题不仅有非常高的区分度，是选拔人才的有效载体，也对课堂教学有着明确的导向作用，即更加注重通过培养学生的开放和综合思维，激发学生的创新意识，培养学生的创新能力。

特点之三：答案开放

课标指出，试题的评分标准要兼顾共同性与差异性。共同性体现在有共同的基本立场、观点和价值观，有共同的评价尺度。在共同评价尺度的框架中体现差异性，例如，采用不同视角，运用不同素材，采取不同思路，表达不同见解，提出不同的问题解决方案等。所以试题的参考答案，总会留有"若从其他的角度分析或回答问题，只要言之有理，可以酌情给分"的字样。试题结论的开放性，使学生从标准答案的束缚中解放出来，从而培养个性化、创新性思维能力；透过这种有差异的思维过程，可以判断学生在特定情境中学科任务完成的不同质量，推断其学科核心素养发展水平。其中，以采取"等级赋分"方式的试题最为典型。

【真题再现】2018年高考文综北京卷第39题

交换：各自把自己的给对方。 ——《汉语大词典》

交换的历史由来已久，《诗经·卫风》中的"氓之蚩蚩，抱布贸丝"，记载了古老的物物交换。每个人有不同的技能和禀赋，每一块土地有各自的特色和资源，交换就从这种多样性而来，稻作地区的人们用粮食换取来自草原的马，东方的丝绸绢帛换取来自西方的钟表。在驼铃悠扬的古丝绸之路上伴随着货物交换的还有阿拉伯数字、青花瓷技艺和茶文化的交流。"独学而无友，则孤陋而寡闻"，思维碰撞中"你有一个思想，我有一个思想，彼此交换后每个人都有两个思想"。

在全球化时代，交换愈加频繁便捷，红酒、纺织品、汽车、机械装备等数以万计的货物在各国海关进出，国际媒体间定期交换报道内容，国家首脑会晤交换对国际事务的意见……

实物、信息、知识和思想的交换碰撞每天都在发生，从哲学角度阐述交换给我们带来了什么？

该类试题改变了过去"采点给分"的传统，而是采取了"等级赋分"的原则。该题要求能针对问题，从联系、发展、认识深化等角度回答，答案的组织体现多元性、开放性。

等级水平	等 级 描 述
水平4	观点鲜明，能明确表达自己的见解；紧扣问题，全面展开论述，或就某点深入分析；知识运用准确、贴切；逻辑严密，条理清晰
水平3	观点比较明确，能表达自己的见解；能扣住问题，或就某点分析；知识运用比较准确、贴切；逻辑较强，有条理
水平2	观点不明确；论述不能集中指向问题，罗列知识；知识运用不正确；论述缺乏逻辑，条理性差
水平1	应答与试题无关，或重复试题内容，或没有应答

这种"等级赋分"的方式，对学生论证问题的能力提出极高的要求，学生既要有较高的学科知识总体把握能力，又要使答案的组织有逻辑性和层次性，是对学生整体素质的集中考查。值得注意的是，答案的开放性与答案的限定性是辩证统一的。这表现在：其一，分析说明和阐释论证要围绕特定的话题展开；其二，论述的材料必须与所要论证的观点准确对接；其三，运用论据论证观点的过程思路清晰、逻辑严密、论述完整。开放性中蕴含限定性，限定性中鼓励开放性，这样的试题具有明显的区分度，是选拔人才的有效载体。

总之，开放性试题已成为高考命题的趋势和亮点。高考政治的开放性试题要求教师创新教育教学方式，构建开放高效课堂，培养学生发散思维和学科核心素养。

关键问题14

打破封闭：教学要培养学生的开放性思维

有这样一个真实的案例，课堂上老师提出一道题目：如何看待"有钱就是任性"的观点。许多学生怕自己的判断与标准答案不一致，于是干脆照搬教材上金钱观的知识。这样的作答既没有过程也没有结论，反映出学生开放性思维的欠缺和匮乏。这种令人忧虑的现象的出现，责任恐怕不在学生，而是需要我们的教师进行反思。通过上一讲，我们知道，开放性试题已经成为高考命题的趋势和亮点。作为教师，应如何把握开放性试题的命题趋势和规律，在教学中培养学生的开放性思维呢？我们在这一讲中将继续展开分析。

"开放型"教学是相对于"封闭型"教学而言的。"封闭型"教学把学生的创造力和生命力束缚在预定的教案轨迹里，把课堂教学异化为执行教案的过程，剔除了学生自主创新的可能。《课程标准》非常强调教学的开放性。例如，"推动教师转变教学方式，使教学在师生互动、开放民主的氛围中进行""步入开放的、辨析式的学习路径""有效掌控导向性与开放性的关系"，等等。可见，活动型学科课程的实施，以"开放型"为切入点，克服了"封闭式"教学的弊端，使学生的思维活动不再局限于课堂之中，不再束缚在教材的范围之内，让学生在自主探究中，实现知识的再发现、再创造。在新课改背景下，我们要把活动型学科课程作为思想政治课教学走出困局的关键抉择，要积极探索适应开放性试题考核方向、有效培养学生开放性思维的有效途径。

途径一：以议题为纽带，培养学生的开放性思维

教学设计能否反映活动型学科课程实施的思路，培养学生的开放性

思维，关键在于确定开展活动的议题。何谓"议题"？新课标提出，议题既包含学科课程的具体内容，又展示价值判断的基本观点；既具有开放性、引领性，又体现教学重点、针对学习难点。从议题的来源来看，《课程标准》、教材中的"探究活动"和综合探究都为我们提供了丰富多彩而又具有可操作性的议题。例如，如何理解校训的价值追求？为什么"两只手"优于"一只手"？怎样看待人大代表的作用？文化的力量有多大？等等。此外，近年来高考试题涉及的话题，或反映了党和国家的方针政策，或反映了全社会关心的公共问题，同样可以将其巧妙地改造为课堂活动的议题，来有效引领学生的开放性思维。

【议题】"变化的生活"与"不变的初心"之间的关系

【情境】"湖平两岸阔，风正一帆悬"，中国特色社会主义进入新时代

变化的生活：改革开放四十年来，全体人民致力同心，共同奋斗，生活变得越来越美好。

舌尖上的美好生活：吃得更营养、更健康、更有文化，绿色食品成为就餐时尚。

家居里的美好生活：更加注重环保和艺术品位，智能家居，个性定制进入百姓生活。

休闲中的美好生活：健身、阅读、培训充电渐成潮流，博物馆、剧场门前的队伍变长了，亲子游、毕业游、定制游深受欢迎。

不变的初心：不忘初心，方得始终。

中国共产党人的初心和使命，就是为中国人民谋幸福、为中华民族谋复兴。中国共产党始终坚持人民立场；坚持人民主体地位，虚心向人民学习，倾听人民呼声，汲取人民智慧，把人民拥护不拥护、赞成不赞成、高兴不高兴、答应不答应作为衡量一切工作得失的根本标准，着力解决好人民最关心、最直接、最现实的利益问题，让全体中国人民和中华儿女在实现中华民族伟大复兴的历史进程中共享幸福和荣光。

【问题】

①通过走访调查，搜集改革开放给人们生活带来巨大变化的实例及人们的感受。

②通过走访调查，搜集党和政府为人民谋幸福、为民族谋复兴而采取的系列举措。

③开展成果汇报、主题征文、演讲比赛等活动，运用所学知识（政治、经济、文化、哲学等）和生活经验，畅谈"变化的生活"与"不变的初心"之间的关系。

【评价】根据学生在活动中的表现制作评价表，既评价学习情况，又引导活动过程。

评价维度	评价等级
小组有合理的活动方案（含目的、方法、分工等）	
组员积极参与小组活动，小组是协调运作的系统	
小组活动的成果丰硕，并能形成有价值的调查报告	
准确与同学分享小组成果，能为主要观点提供例证	
对"变化的生活"与"不变的初心"之关系认识深刻	

教师既要了解学生对议题的认识状况及原有经验，提高教学的针对性、实效性；还要了解议题的实践价值，创设丰富多样的教学情境，引导学生面对生活中的各种现实问题，培养学生的开放性思维。据此，选择议题应坚持"四个要求"：一是要具有鲜明的学科主题；二是要坚持正确的价值导向；三是要有利于有效学习过程的展开；四是要有利于培育学科核心素养。

途径二：以活动为依托，培养学生的开放性思维

从范围上来看，活动型学科课程包括课内活动型课程与课外活动型课程。实践是认识的来源，也是推动认识发展的动力，因此课外社会实践活动更有利于培养学生的开放性思维，必须把学科内容的教学与社会实践活动相结合。社会实践活动为教学提供了更广阔的空间、更丰富的资源、更真实的情境，使理论观点与学生生活经验有机结合，让学生在社会活动的历练中感悟真理的力量、培养开放性思维的品质。社会实践活动的设计应有明确的目标和清晰的线索，统筹议题涉及的主要内容和相关知识，并进行序列化处理。

【活动】调查校园门口的垃圾站是否应该搬迁（改编自北京中学张莉老师的公开课）

【目标】通过深入调研，发现这一问题背后涉及的各种社会因素，学会理性有序参与政治生活，培养开放性思维品质。

【流程】

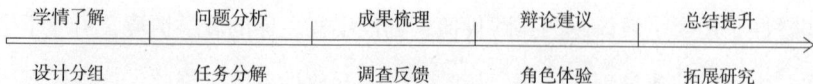

学情了解	问题分析	成果梳理	辩论建议	总结提升
设计分组	任务分解	调查反馈	角色体验	拓展研究

【成果】

第一组：问卷调查。调查对象是学校教师、学生、家长和周边居民。统计结果显示，对"你所居住的学校周边环境如何"问题，大部分人对周边环境比较满意；对"周边环境哪些设施是您不满意的"问题，大部分人认为垃圾站是最主要的；对"对学校周边的垃圾站有何改进意见"问题，大家出现了分歧。有人倾向改造，有人倾向搬迁。总之，垃圾站确实是人们普遍关注的问题，希望采取治理措施。

第二组：实地勘察。通过地图和实地测量，垃圾站离学校最近距离是12米，离最近的居民楼是19米。还调查了气象因素，发现北京市冬季常年主导风向是北风，夏季则相反，学校位于垃圾站的下风向。

第三组：文献查阅。《城市垃圾转运站设计规范》规定，转运站的总平面布置应结合当地情况，做到经济、合理，垃圾站与居民区距离要大于或等于8米，大中型转运站应按区域布置，作业区宜在主导风向的下风向，站前区布置应与城市干道及周围环境相协调。

上述围绕议题开展的社会实践活动，包括提供学生思考问题的情境、运用资料的方法、共同探究的策略，并为学生提供了表达和解释的机会。这种社会实践活动的实施贯彻了以学生为本的理念，着眼于学生的真实生活与长远发展，凸显观念，关注过程，注重实践性和参与性，促进了知行合一，为培养学生的开放性思维奠定了坚实的基础。

途径三：以辨析为路径，培养学生的开放性思维

《课程标准》提出：应立足于当今信息化环境下学习的新特点，直面社会思想文化的影响相互交织、相互渗透，学生接受信息的渠道明显增多的新态势；要着眼于学生思想活动的独立性、选择性、多变性、差异性和高中阶段成长的新特点，引导他们步入开放的、辨析式的学习路径，理性面对不同观点。只有让学生亲历自主辨识、自主分析的过程，并作出判断，才能真正实现有效的价值引领，培养学生开放性的思维品质。

【**课堂辩论**】校园门口的垃圾站是否应该搬迁（改编自北京中学张莉老师的公开课）

【**开篇立论**】

正方：垃圾站应该搬走。社区道路狭窄，大型垃圾车往来穿梭与人流交织，十分不安全；垃圾站和学校最近距离是12米，而且学校位于垃圾站的下风向，对师生健康影响比较大。

反方：垃圾站不应搬走。周边居民区、医院、学校每天产生的垃圾量非常大，如搬离将影响正常生活和工作；垃圾站与居民区的距离符合规定，不会对人们的健康产生过大的影响。

【**自由辩论**】

反方：我看到一则新闻。深圳南山某学校师生强烈要求将附近的垃圾站搬离，南山区环卫局经过调查后做出答复，因资金等问题，搬迁重建短期难以实现，将对垃圾站进行整改。所以，对垃圾站进行整改才是上策。

正方：我觉得资金问题，可以通过政府、居民和企业合作，采取PPP的模式解决。当然还得本着"谁受益，谁付费"的原则，采取市场运作的方式，建立长效机制。对方辩友主张不搬离，请问如何解决交通安全问题？

反方：政府可以采取措施，让大型垃圾车在不影响群众休息的前提下，在夜间等不影响群众出行的时间段施工；同时还要拓宽社区道路，整治交通秩序。对方辩友主张搬离，请问如何解决群众生活垃圾问题？

正方：我方认为，可以通过在固定位置投放具有高科技含量的小型垃圾桶，环卫部门及时清理积存的垃圾的办法来解决。对方辩友主张不搬离，请问应该如何解决学校位于下风口而产生的垃圾气味等问题？

反方：我方认为，政府一方面可以建设好绿化带，既美化环境又起到隔离作用。另外，要对垃圾站进行改造，科学设计，采取消除异味和杀虫灭害的综合措施，既方便了群众又不影响健康，何乐而不为？

【总结陈词】

正方：政府履行好社会职能，在垃圾站的选址上应充分考虑群众的切身利益。另外，还需要居民增强环保意识，从源头上减少垃圾的产生，自觉进行垃圾分类。让我们形成合力，共同保护我们的绿色家园。

反方：垃圾转运站是城市不可或缺的基础设施，是城市垃圾处理系统的重要组成部分。我们要坚持一分为二的观点，一方面加强对垃圾站的整治改造，方便群众生活；另一方面，要重视垃圾产生的环境问题，化害为利，持续发展。

上述辨析式的学习，凸显了价值引领的意义，用支撑思想政治学科核心素养的基本观点统整、统筹了学科知识。让学生通过对"校园门口垃圾站是否应该搬迁"的分析，在价值冲突中深化理解，在比较鉴别中提高认识，在探究活动中拓展视野，有效培养了学生的开放性思维品质。当然，在辨析式学习的过程中，教师要处理好主体与主导的关系，在发挥学生主体作用的同时，也要发挥教师在价值引领中的主导作用；要处理好过程与结论的关系，既关注过程，又不忽略结论；要处理好导向性与开放性的关系，做到"求同"与"存异"相结合；要处理好思想内涵与辨析形式的关系，遵循意义优先、兼顾形式的原则。

总之，培养学生的开放性思维，需要教师积极主动地贯彻新课改精神，投身于新课改的大潮，用新理念、新知识、新视野、新方式去直面课改的新形势，在活动型学科课程的实施中激活课堂，在开放中教活学生，从而实现政治课堂效率的提高和学生的全面发展。从高考改革的发展形势来看，高考不仅需要拓展学生的开放性思维，还对学生的综合能力提出了新要求。

关键问题15

政治试题：注重考查综合能力

教育部考试命题中心提出的"一核四层四翼"高考评价体系中，强调了基础性、综合性、应用性、创新性"四翼"考查要求。《课程标准》中对学业水平考试提出命题要求，即考查学生能否综合运用相关学科内容，参与社会实际生活，在真实情境中提出问题、分析问题和解决问题。将能否"综合运用"作为区分素养水平的重要维度以及学业水平的要求，这表明综合性考查对测量学生核心素养水平有重要作用。

综合运用能力是复杂能力的考查重点，也是优秀学生的发挥空间。优秀学生的考试竞争力很大程度在于综合能力水平的表现。什么是综合能力呢？所谓综合，既是纵深和横向的贯通，体现各模块间的联系；也是对事物整合后的特性的把握，体现对学科的整体认识。从操作的角度说，是对所学知识综合运用的能力，是对学科的整体性理解和把握的能力，是解决问题的整体性思维和对问题全面的思考。

思想政治高考试题如何考查综合能力呢？这一讲，我们就来谈谈这个问题。

一、试题情境具有综合性，表现为跨学科的情境，或情境复杂性

【真题再现】2018年高考文综北京卷第27题

"窗含西岭千秋雪""玉窗五见樱桃花"。中国传统建筑中窗的设计，巧妙之处在于可以引进阳光、空气，为居室主人呈现大自然的馈赠，借助窗外的空间美，人的心灵之窗也被打开，"纳千顷之汪洋，收四时之烂漫"。下列选项正确的有

①"窗""景""情"之间是本质的必然的联系

②借窗生景的设计体现了征服自然的天人合一理念

③窗与景、景与诗、诗与情的交融体现了人的创造性

④窗的设计体现了内与外、近与远、有限与无限的和谐统一

A.①②　B.①③　C.②④　D.③④

　　试题以窗为题材，反映中国建筑"物我一体、天人合一"的设计美学和哲学智慧，考查分析与概括能力、辩证思维能力。试题选用主题接近诗句引入，逐层展开，既考查了学生的古文阅读理解能力，又综合考查哲学知识的积累。试题注重素材，突出语文、政治学科间的联系和交融，引导学生在同一主题下综合利用所学知识、思维方法，整合试题情境，分析回答问题。

【真题再现】2016年高考文综全国II卷第12题

　　西晋著名文学家左思的《三都赋》创作完成后，都城洛阳的人们都认为写得好，争相传抄，一下子使纸帛的价格贵了好几倍，这就是成语"洛阳纸贵"的由来。若用S、D分别表示供给和需求曲线，下列图示正确反映"洛阳纸贵"的是

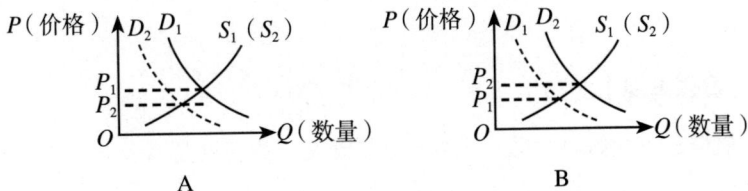

A

B

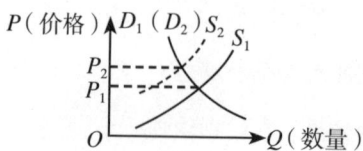

C

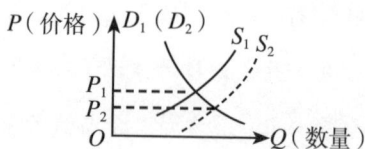

D

试题以成语"洛阳纸贵"的由来为背景，运用直观形象的曲线图表示经济现象，要求学生说明不同经济变量之间的函数关系。一是要求学生能够从题干文字材料获知人们喜爱《三都赋》而争相传抄，导致对抄写必备品——纸帛的需求大幅增加这一基本信息，进而判断这是价格以外的原因引起需求量的变化；二是要求学生能够准确辨识用于刻画市场经济中商品价格与供给和需求的关系的曲线图，根据题干材料知道纸帛的需求量是在增加，因而可以推断出需求曲线整体向右移动；三是要求学生能够理解"洛阳纸贵"的"贵"字，在图中表现为均衡价格的提高，即新的均衡价格比原来的均衡价格要高。

二、试题注重学科知识融会贯通，综合考查

高考试题设计注重素材选取的普遍性，突出知识体系的完整性和知识间的联系，要求学生能够基于试题情境深入思考，综合运用一个模块的若干知识点，或各个模块某一范围内的若干知识点，得出观点和结论。

【真题再现】2019年高考文综北京卷第38（3）题

材料三："歌以咏志"，歌声承载着历史，歌声礼赞着时代，歌声放飞着梦想……

70年长歌未央。《我为祖国献石油》唱出了石油工人投身祖国建设的豪迈，《在希望的田野上》反映了改革初期农民心底的喜悦，《幸福在哪里》激发了人们对未来的无限憧憬，《春天的故事》唱响神州大地荡起的滚滚春潮，《不忘初心》情深意长、催人奋进……在共和国成立70周年之际，"我和我的祖国，一刻也不能分割"更是响彻了大江南北。

（3）结合材料三，综合运用哲学与文化相关知识，谈谈你对"歌以咏志"的理解。

【参考答案】

可以从社会存在与社会意识、文化的作用等角度回答。

试题要求学生运用文化和哲学两个模块的知识阐释对"歌以咏志"的理解，设问强调模块"融合"，引导学生关注问题的整体性，多角度观察和认识复杂现象。试题考查要求：其一，学生要能够立足文本，整体把握情境信息，理解"歌"与"志"的关系，而不是按照标点符号逐一解析试题信息，这就要求学生立足整体看材料，抓住主旨理解信息，考查信息加工整合能力；其二，学生要能够结合设问和情境信息，灵活运用文化、哲学知识展开分析："歌以咏志"来自哪里？来自实践……"歌以咏志"有什么用？指导实践，丰富人的精神世界，增强精神力量，促进人的全面发展……"歌以咏志"咏什么？伟大的民族精神、爱国主义精神……"歌以咏志"为了谁？礼赞人民，人民是历史的创造者。试题作答凸显不同模块知识的融会贯通、逻辑思维能力；其三，2019年中华人民共和国成立70周年，试题以讴歌不同时代、激发人民群众投身社会主义建设的优秀歌曲为话题，通过歌曲铺展从新中国建设到改革开放唱响春天的故事，再到新时代我们党"不忘初心、牢记使命"实现中华民族伟大复兴的中国梦的画卷，引导学生感悟70年来伟大祖国的发展，激发学生热爱中国共产党、热爱社会主义、热爱伟大祖国，厚植家国情怀，坚定理想信念，坚定"四个自信"，培育政治认同。因此，该题较好地达成了促进学科内容、关键能力、思想方法与价值引领融会贯通，进而发展学生学科核心素养的考查目标。

【真题再现】2019年高考文综全国Ⅱ卷第39题

党的十八大以来，以习近平同志为核心的党中央把脱贫攻坚工作纳入"五位一体"总体布局和"四个全面"战略布局，全面打响脱贫攻坚战。

《中共中央 国务院关于打赢脱贫攻坚战的决定》强调，打赢脱贫攻坚战要坚持以下基本原则：一是坚持党的领导，夯实组织基础；二是坚持政府主导，增强社会合力；三是坚持精准扶贫，提高扶贫成效；四是坚持保护生态，实现绿色发展；五是坚持群众主体，激发内生动力；六是坚持因地制宜，创新体制机制。

截至2018年末，全国农村贫困人口从2012年末的9899万人减少至1660万人，累计减少8239万人；贫困发生率从2012年的10.2%下降至1.7%，累计下降8.5个百分点。

我国脱贫攻坚取得决定性进展，是贯彻落实上述六项基本原则的结果。运用政治生活知识，任选其中三项原则，分别阐述坚持这些原则的理由。

【参考答案】

原则	理由
坚持党的领导，夯实组织基础	①消除贫困、改善民生、逐步实现共同富裕，是社会主义的本质要求，是党的重要使命。②党是领导一切的，在脱贫攻坚中发挥总揽全局、协调各方的领导核心作用，各级党组织是脱贫攻坚的坚强政治保证。
坚持政府主导，增强社会合力	①政府负有经济、社会等方面建设的重要职能。②只有广泛吸纳社会力量、整合社会资源，鼓励先富帮后富，才能汇聚全社会广泛参与脱贫攻坚的磅礴之力。
坚持精准扶贫，提高扶贫成效	①精准扶贫是实现脱贫目标的工作机制。②只有提高扶贫成效，才能切实提高扶贫成果可持续性，让贫困人口有更多的获得感。
坚持保护生态，实现绿色发展	①生态保护是为了满足人民群众对优美生态环境的需要。②只有走生态优先、绿色发展道路，才能让贫困人口从生态建设中得到更多实惠。
坚持群众主体，激发内生动力	①从群众中来到群众中去是党的根本的领导方法和工作方法。②只有调动贫困地区干部群众积极性、主动性、创造性，才能增强贫困人口自我发展能力。
坚持因地制宜，创新体制机制	①一切从实际出发、求真务实是党和政府的工作作风。②只有不断创新和改进工作方式，才能提高扶贫效率，使扶贫脱贫工作经得起实践、群众和历史的检验。

　　试题以全面打响脱贫攻坚战为背景，以《中共中央 国务院关于打赢脱贫攻坚战的决定》强调的六项基本原则为考查点，这样的设计可谓匠心独具，一方面学生在阅读素材时，全面理解并认同打赢脱贫攻坚战的六项基本原则，另一方面让学生运用所学政治生活知识任选三个原则分析，试题的选择性增强了考查的综合性。

　　试题情境涉及六个原则，情境复杂，设问指向综合检索政治生活模块中的知识，学生需要对打赢脱贫攻坚战的六项原则与知识以及何种情况下使用哪些知识有所把握。试题中涉及的六项原则，既有第一单元有关国家性质的观点，也有第二单元政府的有关知识、第三单元政党制度的有关理论。回答这一问题，既需要综合运用所学知识、原理、方法分析问题和解决问题，还需要学生整合试题情境信息、时政观点、教材内容。试题强化模块内知识体系的内在联系，从而引导学生注重认识打赢脱贫攻坚战的六项原则，鼓励学生从整体上分析不同原则背后的理论支撑，促进学生形成更加全面、完整的知识结构。

三、试题也注重关键能力的综合考查，特别是知识、能力、思维方法的融会贯通考查

【真题再现】2019年高考文综全国Ⅲ卷第38（2）题

推动形成全面开放新格局是党中央的决策部署。

材料二： 近几年中国新能源汽车发展迅速，生产企业已达200多家，产业集群优势明显。2018年，中国取消新能源汽车外资股比限制，允许该领域实行外资独资经营。新通过的《外商投资法》对外商投资实行准入前的国民待遇加负面清单管理制度。

某公司是国外一家具有全球影响力的新能源汽车企业，其设计与生产理念同当前全球先进制造、绿色能源、智能制造高度契合，2018年该公司入选世界品牌500强。2019年1月，该公司决定在上海投资70亿美元开工建设集新能源汽车的研发、制造、销售等功能于一体的超级工厂，预计年生产纯电动汽车50万辆。

2018年，中国新能源汽车产销分别完成127万辆和125.6万辆，比上年分别增长59.9%和61.7%。市场预测，到2028年新能源汽车在中国的销量将超过1100万辆。

结合材料二，运用经济生活知识分析该公司为何在中国投资建设新能

源汽车工厂。

【参考答案】

该公司的新能源汽车技术先进、品质上乘，具有市场竞争力；中国市场大、需求旺，产品有广阔的销售前景；中国产业技术基础良好，利用国产供应链降低成本的空间大；中国营商环境日益优化，外商投资权益能够得到保障。

试题对学生提出了三个层面的要求：第一，信息加工获取能力，能够把成功的原因由生活语言"翻译"成学科语言；第二，需要学生掌握经济学关于企业经营成功的基本知识，并根据试题信息的要求综合运用；第三，必须具备良好的逻辑推理能力，能够分析该公司在中国投资建设新能源汽车工厂的原因，并组织答案。这样，横向与纵向之间交织成网，实现了对学科素养及其构成要素的全面考查。

高考要求学生能够触类旁通、融会贯通，既包括同一层面的横向触类旁通，也包括不同层面之间的纵向融会贯通。必备知识与关键能力、学科素养、核心价值之间紧密相连，形成具备内在逻辑联系的整体网络。

关键问题16

注重整体：完善学生的知识能力系统

高中思想政治以立德树人为根本任务，以培育社会主义核心价值观为根本目的，是帮助学生确立正确的政治方向、提高思想政治学科核心素养、增强社会理解和参与能力的综合性、活动型学科课程。高中思想政治课程综合性强，内容涉及经济学、政治学、哲学、文化、法学等多种学科。在课程结构上，思想政治有必修课程、选择性必修课程和选修课。必修课程为必修1"中国特色社会主义"、必修2"经济与社会"、必修3"政治与法治"、必修4"哲学与文化"；选择性必修课程设置了"当代国际政治与经济""法律与生活""逻辑与思维"三个模块，与必修课程的内容相互配合、相互补充。因此，教学与评价既要体现内容的广泛性，又要关注问题的复杂性；既要多维度观察对象，又要多途径进行探究。力求凭借相关情境的创设，提供综合的视点，提升综合能力。

学科核心素养，是指个体在面对复杂的、不确定的现实生活情境时，综合运用本课程的学习所孕育出来的学科知识与技能、学科思想与观念，在分析情境、应对挑战、发现问题、确认问题、思考问题、解决问题的过程中，表现出来的参与经济、政治、社会、文化生活的关键能力和必备品格。学科素养低的学生掌握的通常只是一堆孤立、零散的学科知识；学科素养高的学生，其所学知识经过内化于心，最终成为结构化的、被整合的知识。知识只有被结构化、被整合，才能达到有效创新，才能被综合运用。

如何培养和提高综合能力？《教育考试与评价》中写道：综合能力绝不是仅靠简单的记忆和模仿就能培养出来的。要将知识转化为能力，需要构建合理的学科知识体系。书中还强调，学生头脑中的知识往往是零散的、杂乱的，是支离破碎的。如果不把教学内容加以整合，学生可能就不会应用，即便背下来课程内容，也是知其然而不知其所以然，还会产生不少疑惑。解决的办法是把知识综合起来，也就是知识整合，让学生在学习过程中能够感受到学科的整体性。

策略一：围绕议题，建构整合学科知识，形成整体性认识

议题教学是教师将议题与知识相整合的教学设计和实施的过程。议题教学的基本要求是：一方面，"要应对结构化的学科内容，力求提供序列化的活动设计，并贯穿于教学全过程"；另一方面，要以序列化活动或问题为载体，运用学科知识对议题展开深入探究，在分析问题的过程中提升学生的政治认同和理性思维水平。议题教学的核心要义是，在讲授知识的同时，引导学生"面对生活世界的各种问题"，将知识与实际问题整合为一体。

将议题融入知识教学的框架内，知识教学就不再是封闭的逻辑推导，而应跟随议题主线和议题内在的逻辑。让知识活化，让知识与问题同行。在处理知识和议题的关系时，必须兼顾两者，形成合力，切不可不顾具体议题内容和逻辑或只将议题当作引导知识的幌子，孤立地展开知识教学。

【议题】"学生公司创业经营背后的秘密——商品营销中的经济学"

学生组建公司，开展体验企业经营的实践活动，学生在初尝经营、小计赔赚的过程中有了一定的经营体验和实践基础，如何组织公司、如何开展经营、如何才能盈利？创业背后究竟有多少秘密，教学设计以此展开。

活动1：各小组成立"学生公司"，制定营销方案，为产品定价，进行经营成本、纳税以及利润核算。

设计意图：面对公司组织与运营这一真实的复杂的问题，教师引导学生将公司的性质、影响价格的因素、企业生产与经营等不同章节的知识，围绕问题建构知识间的联系，以及在新的问题情境中应用知识解决新问题。

活动2：校园真实经营。经历市场调查—购买原料—制作产品—定价销售—商品交易等环节，各家"公司"在校园里开展销售经营。

设计意图：在校园"市场"中真实地体验并感受市场交易规则，真切地体验价格、供求、竞争是如何发挥作用的。

活动3：课堂上，创业团队宣讲自己的经营方案与经营情况，并回答投资方、创业咨询师、消费者代表的提问，大众评委点评各方发言。引导学生分析公司经营、各方提问、评委点评背后的经济学知识。

设计意图：引导学生进一步理解影响价格的因素、企业经营的知识，同时进一步掌握市场竞争、市场规则等内容。

围绕"公司创业与经营"这一议题，在实践活动中学生运用"影响价格的因素""价格变动的影响""公司的经营""市场竞争""市场交易规则"等知识，将这些抽象的、零散的知识点还原到真实生活中，深化了学生对知识的理解，在实现公司运营过程中建构了有意义的知识体系。在围绕议题完成真实任务的过程中，学生形成了从组织成立公司到生产经营全过程的整体性认知，打破了以往学科体系主导的构建，同时又不是学生经验主导的构建。在探究议题的过程中，帮助学生重组教材知识，根据学生发展的需要补充新知，帮助学生形成对问题全面完整的认知。

策略二：优化案例，采用情境创设的综合性教学形式

以案例为载体进行综合性教学，既要着眼于同一课程模块的内容，综合不同的学科核心素养要素，又要着眼于同一学科核心素养要素，综合不同课程模块的内容。优化案例的关键在于优化情境的功能：能有效地支持、服务于学科核心素养的培育；有助于呈现并运用相关学科的核心概念和方法；能充当组织教学内容、贯穿逻辑线索的必要环节；其内在意涵具有丰富的、现实的、可扩展的解释空间。实施综合性教学评价，重点是考查学生整合知识、理论联系实际、分析和解决问题的能力。

【议题】让优秀传统文化绽放时代华彩

情境：央视文化类综艺节目《国家宝藏》受到人们热捧。九大国家级博物馆（院）甄选镇馆之宝，由演员演绎国宝的前世故事，以文化的内核、综艺的外壳、纪录的气质，通过电视呈现的手段让"国宝"文物"活起来"。

部分节目视频内容展示。

◇ 石鼓，刻有718个字，用大篆体书写，是汉字从金文到小篆演进历史过程的活化石。从中印证着中华文化的源远流长。

◇ 云梦睡虎地秦简，是一位名叫"喜"的秦国基层官吏在日常工作中抄录的秦国的法律文书。有很多法律制度和法治思想对我们当今的法治建设有很大影响。喜死后，秦简做陪葬品，可见他勤勉敬业的精神。

问题1：节目中展示的文物给你留下的印象最深刻的是哪一件？

设计意图：讲述文物故事，拉近学生与中华文化的距离，感受中国优

秀传统文化的魅力，感悟中华文化的源远流长、博大精深，深刻地思考"我们从哪里来，为什么以今天的方式存在，为什么有这样的民族性格"。

问题2：节目中的哪个环节、哪些呈现方式对你触动最大？

设计意图：引导学生认识创新传播方式，让"文物活起来"，其本质是"让优秀的传统文化活起来"，让优秀文化得到传承。

问题3：为什么要让优秀的传统文化"活起来"？

设计意图：分析文化现象，进一步阐释优秀传统文化创造性转化和创新性发展的重要意义。

问题4：如何让优秀的传统文化绽放时代华彩，你是否赞同以下观点，任选其中一观点加以评析。

观点一：传承优秀传统文化最重要的是创新传统文化的传播形式，将之与流行文化元素和新技术相结合，做到文化传播的"变"与"进"。

观点二：要把握住我国文化发展的"根"与"魂"，充分挖掘并原汁原味地呈现中华传统文化蕴含的思想观念、人文精神、道德规范，才能更好地传承传统文化。

观点三：要坚持"引进来"，充分吸收借鉴国外先进文化，这有助于我们更好地传承我国的优秀传统文化。

设计意图：评析三种观点，全面、正确理解优秀传统文化创造性转化和创新性发展的基本原则。

问题5：传承中华优秀传统文化，我们能做什么？

设计意图：引导学生认识到人人都是国宝的守护者，每个人都有传承中华优秀传统文化的责任和使命，实现知行合一。

　　教学设计以央视节目《国家宝藏》为话题，以"让优秀传统文化绽放时代华彩"为议题，贯穿明暗两条线。明线：看节目—讲文物—析节目，暗线：中华优秀传统文化是什么—为什么要传承—如何传承。并围绕暗线对案例进行多角度加工和挖掘，形成内容丰富的问题情境。在上述情境中，包含着丰富的、可发掘的学科内容信息。案例分析中提出的5个问题，保持开放的视角，学生可以从多角度谈自己的看法。例如，节目中展示的文物给你留下的印象最深刻的是哪一件？引导学生讲述自己熟悉和喜爱的文物，体会文物蕴含的丰富传统文化内容，感受中华文化的源远流长和博大精深，思考优秀传统文化的价值，增强文化认同，坚定文化自信。"如何让优秀的传统文化绽放时代华彩"的观点辨析，明确传承中华文化、弘扬民族精神的时代使命，增强文化自觉。"传承中华优秀传统文化，我们能做什么"，引导学生结合生活体验，多角度提出措施——通过学校选修课和其他各种学习途径，学习传统文化技艺，如民族乐器、书法、草编、快板、剪纸等，做优秀传统文化传承人；阅读中国经典名著，汲取中华优秀传统文化的营养；走进博物馆，了解文物的文化价值，提升自己的文化修养；积极参加文化类公益活动，做中华优秀传统文化的传播者；写好汉字，积极参加中国语言文字宣传活动；了解中国传统节日的文化内涵，重视中国传统节日，等等。案例与问题为学生提高综合能力提供了学科空间和学习资源，促使学生将理论观点与生活经验结合，在主动辨析的思考中感悟真理的力量，增强学生理想信念之"钙"，有助于学生在人生成长的道路上把握正确的思想政治方向。

思想政治学科相关的理论问题和现实问题具有综合性和复杂性的特点，对于这些问题的全面阐释和评价，要把握两点：第一，不能局限于单一知识，要注重学科中不同知识的综合运用；第二，要善于从不同角度、多个侧面进行分析。通过引导学生围绕议题、基于案例的综合性学习，使学生的知识体系得到充实和扩展，同时也培养了学生多角度、多侧面分析问题的思维方式，从而提升学习效果。

模块教学：对教学内容进行整体把握和设计

近几年高考试题发出明确信号：注重加强学生对学科各模块间的逻辑联系的认识，形成对学科的整体认识。也就是提出了对学科认识的整体性要求，目的在于引导教学发挥课程的整体性功能，培养学生以整体的、联系的目光看待世界。

高考加强对学生的综合能力及对课程整体性认识的考查，这一点在教学中该如何实现呢？结合学科特点，提出以下几点建议。

建议一：把握好总体课程目标、内容与模块教学之间的关系

模块课程中各模块（单元）是以各自相对独立的内容分别实施的，要达到对学习内容整体的把握，教学就要立足于课程主题通盘考虑，整体设计，将对模块的整体认知和学习置于课程目标统领之下。

《课程标准》中课程目标规定：通过思想政治课程学习，学生能够具有思想政治学科核心素养。主要包括政治认同、科学精神、法治意识和公共参与。

四个必修模块，讲授马克思主义基本原理，特别是马克思主义中国化的最新成果，引导理解中国特色社会主义进入新时代的历史方位，了解新时代中国特色社会主义经济、政治、文化、社会、生态文明建设和党的建设进程，培育政治认同、科学精神、法治意识和公共参与等核心素养，逐步树立共产主义远大理想和中国特色社会主义共同理想，坚定中国特色社会主义道路自信、理论自信、制度自信、文化自信，基本形成正确的世界观、人生观、价值观。

　　明确了四个必修模块之间的关系后，教师在教学中应把握好总体课程目标与模块目标的关系，认清课程的整体结构，在整体结构中把握每一个模块的内容，从而在整体中认识局部，形成对模块内容准确的整体把握。同时，教师也要站在总体课程目标、模块目标的高度，整体把握和设计课堂教学，清晰地意识到如何用每一堂课的目标去实现整个模块的目标。

建议二：理解各模块的主题

　　所有的教学内容、教学活动都应该围绕模块主题开展，对单元、课时的教学设计要从模块主题入手，才能避免教学过程由于多层次的主题背景而过于发散。如果不从整体上对教学进行精心的设计，很容易造成学生只学习到一些片面、零碎知识的结果。

　　必修2"经济与社会"模块，阐述习近平新时代中国特色社会主义经济思想的基本原理，阐释中国特色社会主义发展，把实现人民幸福作为经济与社会发展的目的和归宿。第一单元"基本经济制度与经济体制"，对我国经济社会建设所处的基本制度环境与经济体制背景进行了介绍；第二单元"经济发展与社会进步"，讲述在社会主义基本经济制度和社会主义市场经济体制背景下，我国实现经济发展与社会进步必须要回答、解决的最基本问题。

　　【示例】《从"个税法修改"看公民获得感》

　　《课程标准》内容和教学提示要求：评析促进社会公平正义的收入分配政策，并建议以"如何从收入分配中品味获得感"为议题，探究实现共同富裕、完善个人收入分配的意义。本课以个税法改革为切入点，在理解个税促进社会公平的基础上，品味公民获得感。

学情分析：通过前期调查，学生对个税收入减除费用、税级距变化和专项附加扣除有一定了解。困惑点：每家每户的情况都不一样，专项附加扣除，如何操作？认识误区：学生认为社会公平仅仅是高收入和低收入人群之间的公平，个税法修改对公民的获得感学生仅理解为减轻税负。

教学目标：1. 通过新旧税法找不同，理解个税作用，深化对社会公平的认识，明确个税法修改的实质是要让改革发展成果更多更公平惠及全体人民，培养政治认同。2. 通过对专项附加扣除操作方法的体验和评析，理解国家个税征管工作的长远考虑和纳税人诚信意识的重要意义，提升学生辩证分析问题的能力和诚信意识，培养科学精神。3. 通过对收入额减除费用5000元是否合适的思考，深刻理解税收取之于民用之于民，国家利益和个人利益在根本上是一致的，增强自觉纳税的义务意识，培养法治意识。

教学设计（片断）：

【寻找不同 感受惠民新政】

1. 展示三个数据变化，让学生寻找不同，并分析这些不同的意义。

（普遍降低税负、不同收入群体间的公平、不同生活负担人群间的公平）

2. 关注个税税率表

情境1：王某月收入3600元，张某月收入4300元，王某和张某谁纳税多？

学生：张某。如果有学生提出质疑，这时可以进一步追问。

情境2：王某工资薪金所得是每月3600元，张某工资薪金所得3500元，劳务所得800元。

【问题】王某和张某谁纳税多？

每月收入3600元   王某   张某   每月收入4300元

王某   张某

每月工资薪金所得3600元   每月工资薪金所得3500元，
纳税：3元（100×3%）   劳务报酬所得800元
    纳税：0元

- 工资薪金所得：适用超额累进税率（免征额3500）
- 劳务报酬所得：超过800元部分，适用比例税率20%

——《中华人民共和国个人所得税法（2011年）》，第三条

按旧税法，工资薪金所得和劳务报酬所得各自计税、各自扣除。学生计算后发现收入少的王某反而纳税多。这种不公平主要是由于旧有税制分类征收、分项扣除带来的。

展示2018年个税法第二条"将工资、薪金所得，劳务报酬所得，稿酬所得，特许权使用费所得4项劳动性所得纳入综合征税范围，适用统一的超额累进税率"。

设计意图：通过数据将复杂的个税法修改具体化，让学生对党的十九大报告中"要让改革发展成果更多更公平惠及全体人民"有更具体的理解，对个税法修改的方向更明确，培养学生政治认同。

【小组讨论　个税起征点确定关系社会与经济】

此次税改个税收入额减除费用为何定在5000元？既然要减负，提高到10000元或者更高是不是更好？

学生在讨论中主要能从以下三方面展开：

第一，学生能纵向结合我国历史上的几次调整以及现在经济发展情况谈到收入水平、物价水平、居民消费水平相协调，不宜过高或过低。

第二，税收性质取之于民用之于民，税收是财政收入的重要来源，是国家各项职能实现的物质基础，国家利益和个人利益根本上一致。

第三，个税覆盖的人群不可过少，过少达不到调节的作用，反而不利于社会公平的实现。

设计意图：通过问题讨论，知识上综合构建学科知识体系；能力上以历史、国情的眼光分析问题；价值观上认同国家利益和个人利益在根本上是一致的，增强公民自觉纳税的义务意识，培养学生科学精神和法治意识。

在模块主题思想的统摄下，教学内容的设计落脚于揭示个税改革如何实现以人民为中心的发展思想，增加人民获得感和幸福感。教学设计不仅仅是立足一节课，单纯讲授个税修改与完善收入分配的知识，而是以课为基本单位，从模块的整体上设计教学，将个税修改与经济发展、社会进步建立联系，从而落实"经济与社会"模块的主题思想。在教学中，教师根据学生对内容掌握的实际情况、感到困惑的问题，创设情境，灵活地处理教材，帮助学生构建自己的知识体系。"不仅要考虑每一节课怎么上，更要考虑整个模块怎么上，包括这一节课在模块中的作用，重视课与课的前后联系。"

建议三：单元教学设计实现对学科内容的整体性认识，提升综合能力

单元教学以问题为中心，在提出问题、分析问题、解决问题的过程中，把一个个零散的知识点联系起来，建构成为学生自有的知识体系，使知识、方法在联系实际、解决真实复杂问题的过程中得以灵活运用，实现知识、

技能、方法、情感价值观的全面发展。单元教学在促进学生形成知识体系、提升综合分析问题能力方面具有优势。

【示例】《价值判断与价值选择——以"疏解整治促提升"为例》单元教学设计

本主题教学设计以价值判断与价值选择为主题，以某小学附近"疏解整治促提升"为问题情境，围绕着在"疏解整治促提升"行动中应该如何作出正确的价值判断与价值选择这一核心议题，设置了三个层层递进的分议题。其源于真实生活，具有一定的复杂性，在社会上有不同的声音与争议，需要就此开展深入的主题学习，实施社会实践调查访谈，发现差异，暴露问题，充分表达认识，进行辩论，作出正确的价值判断与选择，有效进行价值观引领并逐步向行为转化，达到知行合一。

第一课时在"众说纷纭话整治"的问题情境中，以在行动中"什么是价值判断与选择问题"为议题，引导学生发现事实判断及价值判断与选择的差异，系统运用价值相关的学科理论，对概念和主体加以分类，完成描述与分类的学科任务，突出展示科学精神的学科核心素养。

第二课时在"冲突之中辩整治"的问题情境中，以在行动中人们"为什么有不同的价值判断与选择"为议题，开展角色扮演活动，学生代表不同利益主体展开观点交锋，全面充分表达不同认识，深刻理性地分析产生原因，综合借助《生活与哲学》价值判断与选择的特征及《政治生活》中围绕着公民与政府的关系的相关理论工具，完成辨析与评价、解释与论证的学科任务，凸显公共参与的学科核心素养。

第三课时在"向前一步促整治"的问题情境中，思考"面对行动中的价值冲突如何选择"的议题，在实践中，政府和公民都要在"价值两难"中，处理好"动机"与"效果"、当前与长远以及不同主体之间的利益关系，作出正确的价值判断与选择，明确正确价值判断与选择的标准，完成预测与选择的学科任务，培育学生政治认同与法治意识的学科核心素养。

单元教学以"疏解整治促提升"怎么看、怎么办为主题，将课本知识的学习与学生社会实践活动有机融合，三课时的教学设计引导学生正确认识"疏解整治促提升"行动，通过教学整合"政治与法治""哲学与文化"两个不同模块中的多个知识内容，引导学生在利益冲突中正确认识个人利益与集体利益、眼前利益与长远利益的关系，在价值的辨析中树立坚定正确的政治方向，在自主辨析中增进社会理解和参与能力。

政治试题：关注基础知识、基本能力和素养

2014年9月出台的《国务院关于深化考试招生制度改革的实施意见》（以下简称《实施意见》）明确指出："深化高考考试内容改革。依据高校人才选拔要求和国家课程标准，科学设计命题内容，增强基础性、综合性，着重考查学生独立思考和运用所学知识分析问题、解决问题的能力。"按照《实施意见》的部署，我国高考改革持续稳步推进，2017年，探索构建出"一核四层四翼"的高考评价体系，从顶层设计上明确回答了高考"为什么考""考什么""怎么考"等关键性问题，提出"基础性、综合性、应用性、创新性"四个方面的考查要求。

关于"增强基础性"的提法，有些老师心存疑惑，认为高考或学业水平等级性考试都是带有选拔性质的考试，是为国家选拔高素质人才的评价机制。随着时代进步、社会发展以及教育改革的深入推进，高考或学业水平等级性考试命题早已强调能力立意和素养立意，为什么高考考试内容改革还要强调"增强基础性"呢？在高考等重大考试中，这种基础性又是如何体现出来的？

实际上，产生上述疑惑的一个主要原因，是我们没有从本质上认清基础性、考查基础的内涵和要求，把基础性与基础知识、考查基础与考查记忆性知识等混为一谈了。

纵观新中国成立以来特别是改革开放以来，我国基础教育课程目标和高考评价目标的提法，经历了从"双基"到"三维目标"再到"核心素养"的变化。有专家这样比喻，落实"双基"是课程目标1.0版，"三维目标"是2.0版，"核心素养"是3.0版。这代表了从教书走向育人这一过程的不同阶段。

在以"双基"和"三维目标"为统领的高考中，出现过一些主要考查学生知识记忆的试题。

【真题再现】2005年高考文综全国 I 卷第39题

胡锦涛主席在2005年4月24日印尼亚非峰会上发表的讲话中指出："50年前的亚非会议，是亚非民族解放运动的一座重要里程碑，是国际关系史上的一个伟大创举。""那次会议所确立的处理国家关系的十项原则，为建立公正合理的国际政治经济新秩序奠定了重要基础。"

我国政府倡导的国际新秩序的内容是什么？为什么说它实质上与周恩来在第一次亚非会议上提出的"求同存异"的原则是一致的？

【真题再现】2013年高考文综北京卷第41（3）题

长江、黄河流域孕育的中华文化，以其悠久的历史、丰富而绚丽的内涵、鲜明而独特的风格，显示出顽强的生命力和无穷的魅力。中华文化源远流长、博大精深的一个重要原因在于它特有的包容性。

更多围绕基于学科核心素养的考试评价及教学的内容请扫码观看

如何理解中华文化的包容性及其作用？

这些题目的共同特点是，设问直指教材中的某个具体内容，能在教材中找到现成答案，而且是唯一的标准化答案，只要学生能背过相关知识，就能获得满分。但是，这样的题目必须完全再现教材的提法，不允许学生进行发散和创新。这种单纯考查知识记忆的题目，对应的教学和学习方式也是僵化的。老师只要带着学生画出教材中的知识，学生只要能熟练地背诵教材知识点，哪怕学生不理解、不会应用，或者考前突击复习，也能获得不错的分数。这种考试带来的，必然是死记硬背、题海战术等应试教育和训练；这种没有建立在理解和应用基础上的教学，不仅加重了学生的学业负担，还使学生掌握了大量的"惰性知识"，对学生能力的提升帮助甚微。

为改变这种状况，多年来，考试命题对题目内容和形式的改革一直没有停止探索，对"基础"和"考查基础"的认识也在探索中不断深化。当前，在基于学科核心素养形成的"一核四层四翼"的高考评价体系中，"基础性"要求主要体现在学生要具备适应大学学习或社会发展的基础知识、基本能力和基本素养，包括全面合理的知识结构、扎实灵活的能力要求和健康健全的人格素养。在以学科核心素养为统领的命题工作中，高考及重大考试的试题在依然重视基础知识考查的前提下，正在实现由考"死"的知识向考"活"的知识的转变，由考知识记忆向考知识的深入理解、实践应用、创新迁移的转变，由单纯考知识向把基础知识、基本能力和基本素养统一起来考的转变。

一、依然重视基础知识的考查

近年来，在对高考政治试题的评价中，无一例外都会有"彰显素养立意、聚焦能力考查"等字眼。但无论高考题目怎样强调能力和素养，每一个试题的设问中，都会有明确的运用学科知识的要求。实际上，能力、素养与学科知识间存在着天然的联系。

课标修订组专家明确指出：学科素养不等同于学科知识，但学科素养与学科知识之间具有正相关的关系是毋庸置疑的。学科知识的积累，是造就学科素养的条件；学科素养的形成，是学科知识积淀的结果。积累越丰富，积淀越深厚。培育学科核心素养，更要重视对学科知识的学习。因此，学生发展学科核心素养，是学生学习一门学科课程（或特定学习领域）之后所形成的、具有学科特点的关键成就，是学科育人价值的集中体现。

二、重视对学科主干知识的考查

如果我们对近几年高考政治试题考查的知识做一个梳理和统计，不难发现，每一个模块中，总有一些知识在高考中频繁出现，这些被我们称作"高频考点"的知识，都是各模块中的主干知识。突出对主干知识的考查，也是高考命题的一贯特点。

例如，"经济"模块中价格变动对生活消费和生产经营的影响、公司的经营与发展、市场调节资源配置、宏观调控、加快转变经济发展方式，等等。"政治"模块中公民有序的政治参与、政府的基本职能和作用、依法行政的意义和要求、中国共产党的性质宗旨和依法执政、中国特色社会主义民主制度，等等。"哲学与文化"中文化对经济政治和个人成长的影响、文化在继承和交流借鉴中创新发展、培育和践行社会主义核心价值观、坚定文化自信、尊重规律与发挥主观能动性相结合、在实践基础上深化发展认识、用联系发展和矛盾的观点看问题办事情、坚持正确的价值判断和价值选择，等等。

三、注重考查对知识的理解和应用

近年来，在高考政治试题中，单纯考查知识记忆的试题已不复存在，引导学生运用所学知识分析问题和解决问题，考查学生对知识的理解、建构、迁移和应用，已经成为高考及其他重大考试共同的命题追求。

【真题再现】 2018年高考文综北京卷第38（2）题

"湖平两岸阔，风正一帆悬"，中国特色社会主义进入新时代。

中国特色社会主义进入新时代，中国经济出现了一系列不一样的速度。

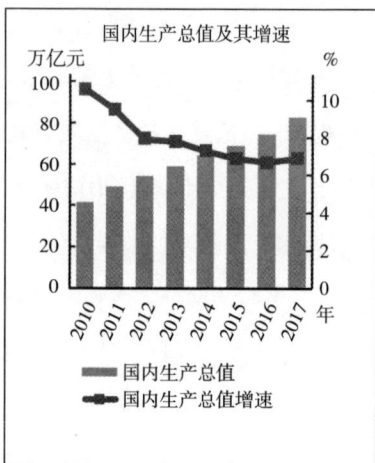

国内生产总值及其增速

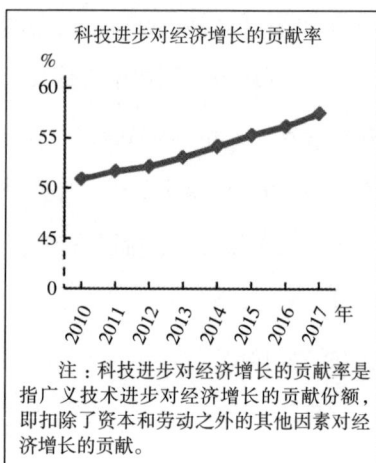

科技进步对经济增长的贡献率

注：科技进步对经济增长的贡献率是指广义技术进步对经济增长的贡献份额，即扣除了资本和劳动之外的其他因素对经济增长的贡献。

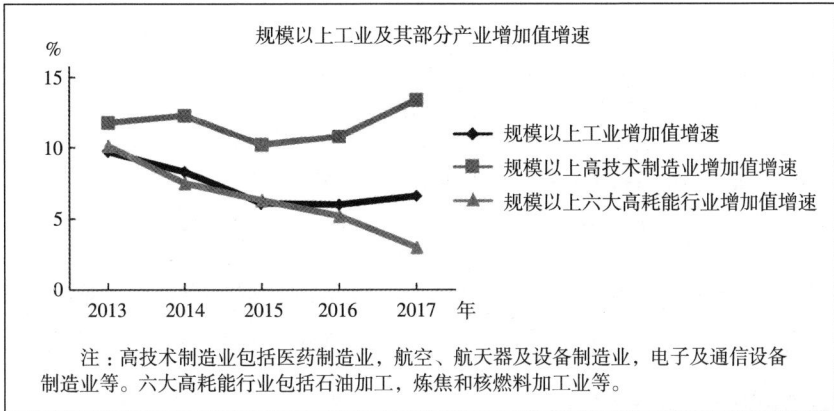

规模以上工业及其部分产业增加值增速

注：高技术制造业包括医药制造业，航空、航天器及设备制造业，电子及通信设备制造业等。六大高耗能行业包括石油加工，炼焦和核燃料加工业等。

读图，运用《经济生活》知识，分析这些"不一样的速度"与高质量发展的关系。

【参考答案】我国的经济总量持续增加，经济增速下降，由高速转向中高速。发展观念转变，由追求速度转向追求速度与质量的统一。科技进步对经济增长的贡献率提高，劳动和资本的贡献率下降。经济增长动力转换，由主要依靠劳动力、资本等要素驱动，转向创新驱动的高质量发展。与规模以上工业增速相比，高技术制造业增速较高且呈上升趋势，高耗能行业增速较低且呈下降趋势。新动能成为重要动力，工业结构优化，提高供给体系质量，促进实体经济的高质量发展。

该题聚焦新时代中国经济已由高速增长阶段转向高质量发展阶段的社会现实，运用图示信息呈现高质量发展的表现，引导学生基于对高质量发展内涵和表现的准确理解——高质量发展就是经济结构不断优化，高技术产业、装备制造业增速明显快于一般工业；能源资源利用效率提高，单位国内生产总值能耗下降；新动能快速成长，科技进步对经济增长的贡献率不断加大，新兴产业蓬勃发展等，准确阐释图示呈现的"不一样的速度"与高质量发展之间的内在联系。

四、整体考查基础知识、基本能力和基本素养

学科核心素养是经历了学科特定的学习方式后形成的"学科观念、思维模式和探究技能，结构化的学科知识和技能"，它本身就包含着学科的基础知识和基本能力。

以学科核心素养为统领的新课程开启以来，高考以及其他重大考试的政治命题者们开始探索以学科任务为导向的"基于生活情境→产生现实问题→提出学科任务→确定问题指向→运用所学知识执行任务→通过外显行为衡量素养"的命题思路，将学科基础知识、基本能力和基本素养统一起来作为一个整体进行考查，这不仅大大丰富了考查基础的内涵，还让考试变得更有活力，在改革探索中切实走向了素质教育。

以上题为例，试题考查的不是学生对高质量发展内涵和表现的记忆，而是在准确理解基本概念的基础上，将高质量发展的内涵和表现作为分析和解决问题的工具和武器，实质上考查了学生对所学知识的实践应用能力；另外，如何认识高质量发展中"不一样的速度"，需要透过纷繁复杂的经济现象认清其背后的本质和规律，需要学生运用辩证的思维方法，对相关问题做出正确的价值判断；在解答本题的过程中，学生又能进一步加深对新发展理念的认识，对党和国家基于经济形势做出的发展判断和选择的理解认同。因此，本题不仅综合考查了学生的基础知识、基本能力和科学精神、政治认同等学科素养，还较好地发挥了考试的教育功能。

　　总之，随着教育和考试改革的深入推进，试题注重考查基础的内涵已经发生了变化，这种变化对我们的教学提出了怎样的要求，下一讲我们再继续探讨。

关键问题19

夯实基础：教学的"变"与"不变"

上一讲中我们结合典型例题，对高考"增强基础性"的考查要求进行了阐释；同时，分析了近年来高考及其他重大考试在考查基础方面进行的探索。"增强基础性""注重考查基础"的命题取向对我们的学科教学提出了怎样的要求？这是本讲重点探讨的话题。

俗话说：基础不牢，地动山摇。在我国基础教育和考试评价的改革历程中，注重基础的价值取向从未改变过，基础知识扎实也是中国基础教育的一个优势，注重基础理应成为我们政治学科教学不变的追求。

但是，随着时代发展和社会进步，对人才的需求也在发生变化，"21世纪的学生应具备哪些能力和素养才能成功适应未来社会"，围绕这一具有前瞻性的战略问题，核心素养的研究浪潮席卷全球。随着教育改革的深入推进，我国也把"培养什么人、怎样培养人、为谁培养人"聚焦在发展学生核心素养上。在这样的背景下，"注重基础"的内涵必然会发生变化。这要求我们的学科教学与时俱进，因时而变，在夯实学科基础上作出更加系统科学的思考和设计。

一、要重视学科主干知识的教学

所谓主干知识，是指在每一模块中起主体作用、可再生其他知识、支撑学科知识体系的知识。思想政治学科各模块中，都包含许多知识，哪些知识才能称得上是主干知识？这不是主观臆造的选择，而是由模块的主线，即模块中将每单元、每课的知识串联成一个有机整体的主线线索所决定的。下面，我们就以《经济与社会》《政治与法治》模块为例加以说明。

统编教材必修1《经济与社会》依据习近平新时代中国特色社会主义

经济思想的基本原理，讲述我国社会主义基本经济制度，解析社会主义市场经济的基本特征，阐释指导我国经济社会发展的新理念，帮助学生理解全面深化改革的意义，提升在新时代参与社会主义现代化建设的能力。基于此，该模块的主干知识包括健全完善国家经济制度、充分发挥市场调节作用、创新完善宏观调控体系、增强市场微观主体活力、贯彻新发展理念促进经济高质量发展，等等。

统编教材必修2《政治与法治》以党的领导、人民当家作主、依法治国有机统一为主线，讲述党的领导是人民当家作主和依法治国的根本保证，人民当家作主是社会主义民主政治的本质特征，依法治国是党领导人民治理国家的基本方式，奠定学生政治立场与法治思维的基础。所以，发展社会主义民主政治，最根本的是要把坚持党的领导、人民当家作主和依法治国有机统一起来，这些构成了该模块的主干知识。

主干知识支撑着学科的知识体系，理应成为我们教学的重点。在教学中，我们要围绕主干知识创设生动的教学情境，引导学生在情境中理解建构知识、体验感悟知识的价值，准确应用主干知识分析新问题、解释新现象、辨识新情况，努力让学生达到真会、真懂、真信、真用的良好效果。

二、要重视对知识的结构化建构

叶澜教授指出："要让学生掌握学习的主动权，最有效的是掌握和运用知识结构。"学科核心素养，是指经历了特定学习方式后形成的学科观念、思维模式和探究技能，以及结构化的学科知识和技能。在学科核心素养的孕育中，知识不再是学习的终极目的，而成为个体在面对复杂的、不确定的现实生活情境时，分析解决实际问题的载体和工具。承载这种功能的知识不可能是零散的、碎片化的，应该是有序的、结构化的。

因此，在教学设计中，我们要关注对知识的结构化建构，指导学生通过学习，科学把握知识间的内在联系，深化对知识的理解，提高运用结构化的知识分析解决实际问题的能力。

对知识进行结构化建构，需要采用一定的方法，我们可以按照"提取—分析—关联"的逻辑思路，对知识进行科学的建构。从知识分类角度看，思想政治学科的知识基本上属于陈述性、概念性知识，是对事实、定义、原理等的描述。围绕教学内容和创设的教学情境，我们可以先提炼出主要的概念和基本观点；接着分析上述知识间的内在联系，并确保这种联系的科学性和准确性；最后用线段、箭头和简要的文字等，将上述联系清晰呈现出来。

例如，教师在专题课《权力的行使需要监督》的教学设计中，围绕教学内容和教学情境，提取出公民的监督权、民主监督、行政监督体系等主要概念，以及对权力进行监督的方式和途径、对权力进行监督的原因和意义等主要观点。

通过对概念和观点的内在联系的分析，教师认识到：国家机关、社会团体等拥有的，为维护和增进公共利益而设立的权力，被称为公权力。在我国，公权力属于全体人民，为全体人民共同所有。但在现实的社会生活中，公权力不可能由全体人民来共同行使，而是通过人民代表大会制度，授权给人大代表依据法律和制度统一行使；再以宪法和法律规定的形式，赋予国家机关及其工作人员、相关社会组织来行使。因为一切权力来自人

民，所以宪法和法律明确规定公民对公权力的行使具有监督权。公民依法
行使监督权，不仅可以维护公民自身合法权益、增强公民的主人翁意识和
社会责任感、提升公民有序政治参与的意识和能力，还可以督促被监督者
改进工作、防止权力的缺失或滥用，真正实现权为民所用。

在此基础上，教师通过教学情境的创设、教学任务和问题的设计，引
导学生在学习过程中完成了以下的知识建构，帮助学生形成了对监督权力
的结构性认识。

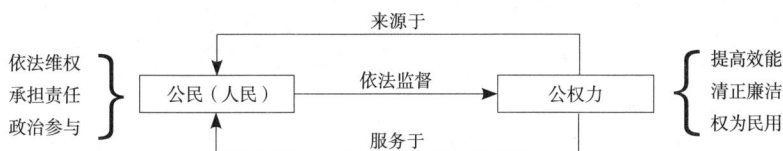

三、基于基础知识、基本能力和基本素养整体设计教学

上一讲我们提到，近年来的高考试题，将学科基础知识、基本能力和
基本素养统一纳入到考查基础中，将其作为一个整体进行考查。这启示我
们，在教学中，也不能将其割裂开来，一个一个分别来教，而应该将基础
知识、基本能力和基本素养统整起来进行教学设计。

（一）基于核心素养，统整设计教学目标

核心素养是"个体在解决复杂的现实问题过程中表现出来的综合性品
质"，是学生是否掌握结构化的学科知识和技能，是否具备学科思维模式
和探究技能，是否树立了科学的世界观、人生观和价值观的综合体现。基

于学科核心素养确定教学目标，需要我们在深入研究课程目标、教学内容和具体学情的前提下，明确从哪些方面、用哪些策略培养学生的学科知识、能力和素养，并确保每个目标可以观察、测量和评价。

仍以《权力的行使需要监督》为例，教师依据对教学内容和学情的分析，将指导学生对基础知识的学习和理解，提升探究问题和解决实际问题的能力，培育政治认同、科学精神、法治意识和公共参与等学科素养按其内在逻辑进行统整，确定了以下教学目标：通过"法律扫描"，明确解决城市狗患的管理者及其职责，培养学生依法办事、依法维权、依法解决纠纷的法治意识；通过对如何解决城市狗患问题的深入探讨，深刻理解如何对公权力进行监督以及进行监督的意义，学会正确行使监督权，增强与各领域公共机构进行良性互动的公共参与能力；通过监督与信任之辩，培养学生用开放的眼光辩证分析观点的能力，提升科学精神；增强学生对公权力进行监督的必要性的认识，形成对依法监督和社会主义民主制度的政治认同。

（二）精选学习资源，创设真实教学情境

基于学科核心素养在课堂教学中创设真实的、复杂的情境，必须借助一定的学习资源。我们应选择那些生活中真实存在的、与教学内容密切相关的、具有一定复杂性的、有利于学生思维发展的信息资源，经过加工，将其转化为丰富的教学情境；同时，要选择学习资源传递的恰当方式，将学生的注意力吸引到特定的教学主题上，将学生的思维跟随教学过程的始终。

在《权力的行使需要监督》教学设计中，教师选择了"文明养犬"这一贴近学生生活的话题和资源，贯穿始终创设教学情境，获得了良好的教

学效果。

（三）强化问题解决，发挥任务导向作用

学生对学科知识的深入理解、灵活应用，以及应有的学科能力和素养都是在学科课程的母体中孕育出来的，学习理解基础知识、培养基本能力和素养，必须让学生融入教学情境之中，运用具有学科特色的"特定学习方式"，亲历问题解决的过程，完成规定的学习任务，在体验社会生活及自身的思维活动中理解理论的旨趣，在解决问题的过程中提高能力，在对社会现象和观点的辨识和争论中调整自己的价值取向。

在《权力的行使需要监督》的教学中，教师设计出"因养狗带来的问题和纠纷该找谁解决？""养狗这件事儿到底有没有人管？""我们为什么能监督公权力？""我们该如何对公权力进行监督？""就文明养犬这件事儿，依法对公权力进行监督的意义何在"等需要深入探究、提高学习理解能力的问题；"某些领导干部认为'人民选我是基于信任，监督是不是就代表不信任了'"等带有思辨色彩、提高理性思维能力、强化价值引领的问题；"请同学们登录北京市政府网站——首都之窗，将关于养犬问题的意见和建议反映给政府"等指向实际问题解决、提高实践应用能力和创新迁移能力的问题。这些问题和任务不仅为学生指明了思考、探究和践行的方向，也为学生提供了必要的思维方法，具备可以评价测量的条件，较好地促进了各项教学目标的达成。

考试注重基础性的考查要求，需要我们对课堂教学进行重新反思和积极探索。我们应关注对基础知识、基本能力和基本素养的培育，为学生持续发展助力奠基。

关键问题20

提升素养：政治教学的根本

高三教学时，许多老师会"敲黑板、画重点"，会对考什么、如何考作出一番猜想；考完后还会有老师拿考题与事先的猜想进行对照，看自己是否"中了大奖"。但事实上，每次猜想或对照的结果，都不尽如人意。而且这一做法长此以往会丢掉学科的"魂"，也就是丢掉了学科的根本——素养！那么，高考在"考查什么素养"？"如何考查这些素养？"为此我们应采取怎样的教学策略？这一讲，我们来谈谈这个话题。

关于"考查什么素养"，《课程标准》做出了明确的回答：更加关注育人目的，更加注重考查学生核心素养，更加强调考查学生综合运用知识解决实际问题的能力。关于"如何考查这些能力和素养"，教育部考试中心指出：高考已经实现从"知识立意""能力立意"到"素养导向"的历史性转变。在教学实践中要适应这种转变，就必须把提升素养作为政治课教学的根本之道，必须认真探索与学科素养培育相适应的教学实施策略。

策略一：有心无痕——培育学科核心素养的理想境界

随着课改的深入，教师刻意灌输的现象越来越少见。因为我们已经清醒地认识到，空洞的说教、生硬的手段、僵化的方式、唯分数的评价等，不仅弱化了教育教学的效果，而且容易引起学生的排斥甚至逆反心理。核心素养不能靠"喊口号""填鸭式"来培育，而应该体现在每一堂课的教学、每一道试题的探究中，既要"有心插柳柳成荫"，又要"春风化雨润无声"。

【课例】"透视人民政协"（教学设计片断）

教师：共享单车方便我们的生活，但也存在很多问题。假如你是政协委员，针对共享单车当前存在的问题，你有什么好的建议和意见呢？

学生：汇报提案草案，展示共享单车存在的问题，并加以梳理和概括。

教师：请各界别委员阅读专属本界别的材料，阅读完毕后，请从本界别视角出发，对提案进行交流研讨，并完善提案。也就是说，草案当中的建议哪些你是认同的，哪些是你觉得需要补充的。时间3分钟。（经济、政治、文化、科技、法律5个视角，企业、政府、公民、人大、媒体5个主体）

学生：阅读材料，小组讨论，确定发言观点。

……

教师：请各界别委员派代表进行发言，代表发言时需注意：各界别轮流发言，发言时间应控制在2分钟，其他界别代表有异议时，可提出质疑。

学生：发言时间，老师板书，用板书记录各界别代表发言要点，及时追问。

教师：大家都对提案草案提出了自己的建议。我们来总结概括一下，想要共同治理共享单车的问题，需要哪些主体通力合作呢？

学生：政府、企业、人大、公民、媒体。

教师：由此我们可以看出，政协为我们建言献策提供了一个非常好的平台，我们可以在政协中共商共议。

正如"手中无剑，心里有剑"是剑客的最高追求，"春风化雨，润物无声"则是教育的理想境界。本节课就是"有心无痕"式教学的典型课例。

心有所向，方能致远。新课改要求尊重学生的主体性，并不意味着否定教师的主导性。以核心素养为导向的教学，其关键是教学的设计与优化。教师在准备阶段，要做到目标明确、思路明晰；在活动阶段，要做好情境优化和任务驱动；在研讨阶段，要做好议题引领和评价激励；在延伸阶段，要做到深化理解和身体力行。由此可见，教学环节的每个阶段都离不开教师的主导性，并由此凸显价值引领，体现学科本质，实现教学相长，促进共同发展。

上述课例是通过开展实践、让经历说话，优化情境、让事实说话，比较鉴别、让事理说话等途径，实施"无痕"教育，潜移默化培育学生的政治认同、公共参与等核心素养。正如陶行知先生所言："在一般的生活里，找出教育的特殊意义，发挥出教育的特殊力量。同时，要在特殊的教育里，找出一般的生活联系，展开对一般生活的普遍而深刻的影响。把教育推广到生活所包括的领域，使生活提高到教育所瞄准的水平。"

策略二：关注过程——促进能力和素养提升的关键

政治认同、科学精神、法治意识和公共参与是思想政治学科核心素养，四者各有其独特的育人价值并且相互支撑。其中，科学精神是达成政治认同、形成法治意识、实现公共参与的基本条件。而科学精神的培养则是在对知识的探究与生成、对结论的预设与证明、对问题的提出与解决过程中完成的。《列子·说符篇》有言："故圣人不察存亡，而察所以然。"只有更加关注学生解决情境化问题的过程，使学生不仅"知其然"而且"知其所以然"，才能更好地促进学生能力和素养的提升。

【课例】城镇化发展赶上工业化进程，这一历史性变化是如何发生的
[改编自2019年高考文综北京卷第38（2）题]

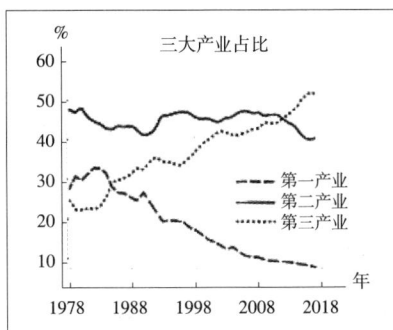

图1

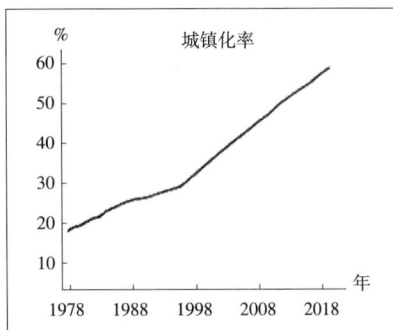

图2

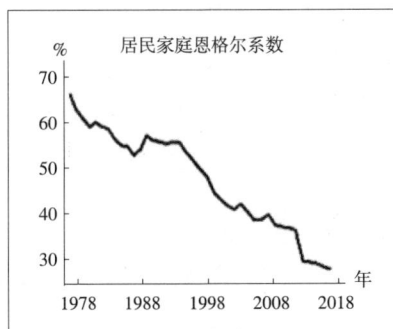

图3

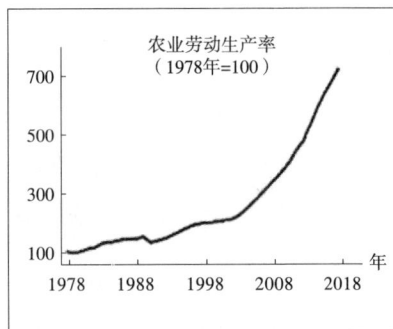

图4

情境：工业化和城镇化是现代化的重要标志，是建设社会主义现代化强国的必然要求。壮丽70年，奋斗新时代。改革开放以来，我国城镇化发展逐渐赶上了工业化进程（如图1和图2所示），这是中国经济发生的一项历史性变化。

探究：结合图3和图4，运用经济知识，探究上述历史性变化是如何发生的。

案例以"壮丽70年，奋斗新时代"为背景，引导学生把目光投向了我

国的城镇化和工业化进程。毋庸讳言，改革开放初期，我国城市化明显
落后于工业化，经过40多年的奋斗，我国的城镇化发展逐渐赶上了工业化
进程。

学生探究"这一历史性变化是如何发生的"，很明显，问题探究的重
点不在于思维的"终点"，即"发生了什么样的历史性变化"，学生通过对
图1和图2的解读很容易能得到结论；探究的重点也不在于思维的"起点"，
即"哪些因素导致了这样历史性的变化"，学生通过图3和图4容易得出"居
民家庭恩格尔系数降低"和"农业劳动生产率提高"的结论；探究的重点
在于从"起点"到"终点"的分析、推理、归纳、总结、论证、探讨等思
维活动的过程。这样"关注过程"的探究活动，有利于学生逐步形成正确
的价值观念、必备品格和关键能力。我们可以将这一探究活动中，综合调
用知识来论证和探讨问题的思维过程，作如下图示：

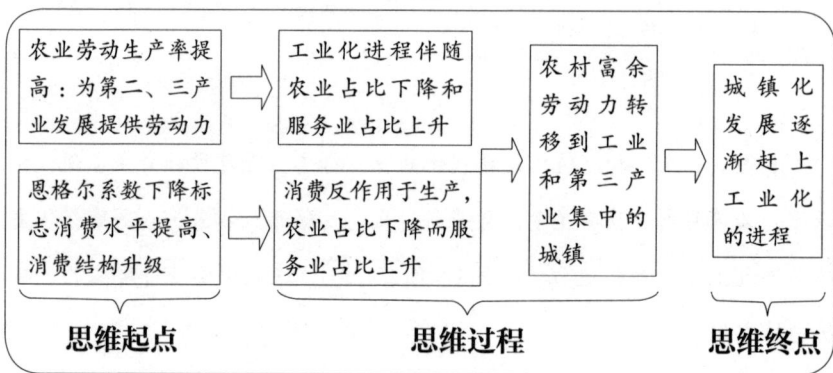

| 思维起点 | 思维过程 | 思维终点 |

总之，通过从两个不同的角度进行过程式深化探究，引导学生理解：
工业化和城镇化的协调发展、良性互动，对于建设现代经济体系、实现高
质量发展、建设社会主义现代化强国意义重大。不仅有利于培养学生的科

学精神，也有利于激发学生的自豪感和责任感，在潜移默化中培养学生的政治认同和公共参与等素养。

策略三：强化辨析——提高审辩思维和判断选择能力

《课程标准》指出，要着眼于学生思想活动的独立性、选择性、多变性、差异性和高中阶段成长的新特点，引导他们步入开放的、辨析式的学习路径，学会理性面对不同观点。的确，社会上的思想文化相互交织、相互渗透，学生接受信息的渠道明显增多，只有在教师的指导下，让学生亲历自主辨识、分析的过程并作出判断，才能真正实现有效的价值引领。

【议题】保护抗癌药专利催化/阻碍人类创新（改编自2019年高考文综北京卷第39题）

情境：2018年7月，电影《我不是药神》掀起了观影的热潮，同时也引起了人们对"是否对抗癌药进行专利保护"以及"是否应该对抗癌药设置专利保护期限"的争论。

资料包

◇ 我国的知识产权保护制度不断完善。目前，我国的专利法修正案（草案）已经提交全国人大审议，修正案（草案）大幅提高了故意侵犯、假冒专利的赔偿和罚款额。

◇ 和世界上大多数国家一样，我国对发明专利给予20年保护期限。在保护期内，使用某项专利须得到专利所有者的授权。专利超过保护期限，其他人可以无偿使用专利。

◇ 对于各行业的技术领跑企业来说，专利授权收入是重要的盈利来源。以某企业为例，2018年专利授权收入占该企业总收入的20%以上，其他企业如使用其专利，所生产的每件产品需要按售价的3%～5%支付专利费用。

◇ 下图反映了专利数量与行业竞争程度的关系。

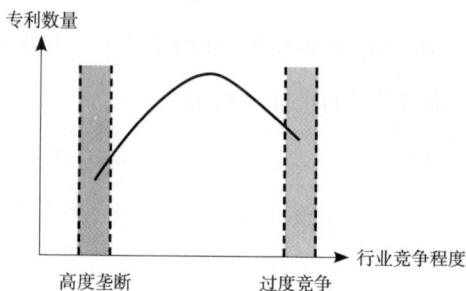

探究： 参考材料包的内容，从经济角度开展课堂辩论：保护抗癌药专利催化/阻碍人类创新。（核心提示：①你是否支持对专利进行保护；②你是否支持设置专利保护期限）

这节课以"保护抗癌药专利催化/阻碍人类创新"为辩题组织学生辩论，并且提供了两个极具审辩性的"核心提示"。

对于该辩题的"核心提示①：你是否支持对专利进行保护"，在课堂上出现了两种截然相反的观点。例如，正方认为对抗癌药进行专利保护，可以使得专利所有者通过专利授权获得收益，调动专利发明人的创新热情；可以抑制假冒药品，增加侵权成本，维护市场秩序，形成大众创新的良好氛围，等等。反方则认为，技术不像苹果，一个苹果我吃完了你就不能享用了；对抗癌药的专利保护不仅不符合人道主义，而且阻碍了更多的人"站在前人的肩膀上"继续创新，等等。

对于该辩题的"核心提示②：你是否支持设置专利保护期限"，在课堂上也出现了两种截然不同的观点。例如，正方认为设置保护期限可以避免技术的过度垄断，鼓励适度竞争，在专利的社会效益和发明者的创新激励之间达到平衡，等等。反方则认为不应该设置保护期限，正所谓"条条大路通罗马"，不设置专利保护期限不仅能刺激原有专利所有人的创新热情，也能在示范效应下带动更多的人创新，等等。

这节课采取了强化辨析的学习路径，让学生在价值冲突中识别观点、在比较鉴别中确认观点、在探究活动中引申观点。需要特别强调的是，强化辨析绝不意味着"价值中立"，它必须在正确的轨道上展开。在这一点上，我们绝不含糊。是否符合社会发展规律和人类根本利益，始终是我们坚持的价值标准。因此，基于利益平衡的考量，专利必须受到保护，同时也得有保护期，但不能永久保护。唯有如此，才能正确把握过程与结论的关系、有效掌控导向性与开放性的关系，提高学生审辩思维和判断选择能力，实现有效的价值引领。

　　总之，我们应该重视高考改革和试题对教学实施的导向作用，但出于应试目的去猜题押题的做法极不可行。我们的课堂教学必须积极适应高考命题从"知识立意""能力立意"到"素养导向"的历史性转变，把提升能力和素养作为政治课教学的根本之道，必须认真探索与之相适应的教学实施策略，方能让思想政治课堂成为培育核心素养、提升关键能力、重构精神自我、积累生活智慧的幸福殿堂。